KB187432

High Level
일본어 동사
200

【단일어편 하】
(な행～わ행, 漢語動詞)

모세종 저

제이앤씨
Publishing Company

머리말

본서는 『High Level 일본어 동사 300【단일어편 상】』에 이어지는 【단일어편 하】편으로, な행~わ행과 ~する(1음절 한어동사)를 실었다. 전편과 마찬가지로 일본 방송의 다양한 프로그램을 통해 수준이 높거나, 중요한데 사용 빈도가 적어 쉽게 잊는 단어 중에서, 단일어의 범주에 있는 동사를 선정하여, 일본어와 한국어 사전에 있는 의미를 기본으로 제시하고 사용 경험과 언어학적 식견을 바탕으로 한 용법 제시, 그리고 인터넷과 사전 등에서 찾은 예문을 실어 구성한 것이다.

본서는 상편 300개에 이은 하편 200개로 합하여 500개의 단일어 동사를 다루었는데, 난이도가 높은 1음절 한어동사도 이에 포함되어 있다.

외국어 연구자의 입장에서 생각하면 결국 외국어를 이해하고 바르게 사용한다는 측면에서 단순한 것 같지만 통역과 번역이 가장 어려운 영역으로 생각된다. 어쨌든 쓰여 있으면 번역해야 하고 말을 하면 통역해 내야 하니, 많은 공부를 한다 해도 외국인으로서 소화해내기는 여간 어려운 것이 아니다. 결국 단어를 정확히 이해하는 것이 외국어 학습의 종착지임을 재차 깨닫는다.

결국 외국어는 단어의 의미를 이해하여 상황에 맞게 선택해야 자연스러운 구사를 하게 되는데, 그를 위해서는 예문을 통해 학습해야 만이 단어 사용환경을 바르게 이해하여 올바른 단어 선택이 가능하게 된다. 어떤 사전에도 지면 관계상 단어 사용 예가 완전한 문장으로 제시되어 있지는 않아 단어 이해에 어려움이 따르는 경우가 적지 않은데, 본서를 통해 일본어 학습에서 난이도가 높은 동사를 바르게 이해하고 학습할 계기가 마련되었다고 생각한다.

한국인의 바른 일본어 학습을 위해 동사 이외 다른 영역의 단어에 대해서도 보다 나은 연구학습서를 발간하여 일본어 단어학습의 완성을 돕도록 할 생각이다.

2024.5

모세종

목 차

ま

001 >>> 綯う

意 🇯🇵 藁・糸・紐などを一本に縒り合わせる，糾う，縫る

🇰🇷 (새끼를) 꼬다

用 綯うは‘縄・針金・髪を綯う(새끼・철사・머리카락을 꼬다)’처럼, 새끼나 철사 등을 꼬는 경우에 사용한다.

例

❶ 日々工場に出て麻を綯う仕事に従っていた。
매일 공장에 나가서 삼베를 짜는 일을 따르고 있었다.

❷ 太い強い針金を何本も縄のように綯って河の両岸へ渡してある。
굵은 강한 철사를 여러 개 새끼처럼 꼬아서 강의 양안으로 걸쳐놓았다.

❸ 絆を綯った人でさえ確とその端を握っている気ではなかったのだろう。
인연을 맺은 사람조차 확실히 그 끝을 쥐고 있는 느낌은 아니었을 것이다.

❹ 平和と戦とが一つに綯われて、そこに輝かしい生命の交響楽が作られる。
평화와 전쟁이 하나로 꼬여 거기에 빛나는 생명의 교향악이 만들어진다.

❺ やがては凡てが力強く築かれ私たちの運命が一つに綯われることを思った。
결국은 모든 것이 힘차게 구축되어 우리의 운명이 하나로 엮이는 것을 생각했다.

002 >>> 萎える

意

⊕ ① 体力や気力が衰えてぐったりする ② 植物が萎れる ③ 衣服などがくたくたになる

㊞ ① 쇠약해지다, 기력이 쇠하다, 감각이 마비되다 ② 시들다 ③ 의복 등이 오랫동안 입어서 축 늘어지다

用

萎えるは '足が萎える(다리 힘이 빠지다)', '気力が萎える(기력이 쇠하다)', '野心·勇気が萎える(야심·용기가 시들다)', '気持ちが萎える(기분이 시들다)' 처럼, 힘이 빠지거나 기력이 쇠약해지거나, 식물이 시들거나 옷이 축 늘어지는 경우에 사용한다.

例

❶ ショックで足が萎えたのだろうか、歩けなくなってしまった。

쇼크로 다리가 마비된 것일까 걸을 수가 없게 되고 말았다.

❷ その勢いに反比例してヒョウは自分の野心が萎えて行くのを感じていた。

그 기세에 반비례하여 표범은 자신의 야심이 시들어가는 것을 느끼고 있었다.

❸ いくら言っても分かってもらえないのかと弱々しく萎えた気持ちになっていった。

아무리 말해도 이해하지 못하는 것인가 하여 힘없이 시든 기분이 되어갔다.

❹ 試合前の相手チームのすごい練習を見ただけで、戦う気力が萎えていくのだった。

시합 전의 상대 팀의 굉장한 연습을 본 것만으로 싸울 기력이 시들해져 갔다.

❺ 木の下に立って待ち尽くす間に今日こそ打ち明けようと思う勇気が
次第に萎えていくのだった。

나무 밑에 서서 하염없이 기다리는 동안에 오늘이야말로 털어놓자고 하는 용기가 점차 시들어가는
것이었다.

003 〉〉〉 擲(なげう)つ　□□□□

[意]

（日）① 捨(す)てて省(かえり)みない　② 惜(お)しげもなく差(さ)し出(だ)す

（韓）① 내던지다　② 팽개치다, 방기하다　③ 아낌없이 내놓다, 쾌척하다

[用]　擲(なげう)つ는 '座(ざ)を擲(なげう)つ(자리를 내던지다)', '仕事(しごと)を擲(なげう)つ(일을 내팽겨치다)', '私財(しざい)を擲(なげう)つ(사재를 쾌척하다)', '命(いのち)を擲(なげう)つ(목숨을 내던지다)', '知識(ちしき)を擲(なげう)つ(지식을 내놓다)'처럼, 자리나 목숨, 일 등을 내던지고 돌아보지 않거나 재산 등을 아낌없이 내놓는 경우에 사용한다.

[例]

❶ 叔父(おじ)は病院長(びょういんちょう)の座(ざ)を擲(なげう)ち、過疎地(かそち)の医者(いしゃ)として生(い)きる道(みち)を選(えら)んだ。
삼촌은 병원장의 자리를 내던지고 과소지의 의사로서 사는 길을 선택했다.

❷ 大事(だいじ)な仕事(しごと)を擲(なげう)って私(わたし)の手伝(てつだ)いに来(き)てくれるとはありがたいことだ。
중요한 일을 내팽겨치고 나를 도우러 와주다니 고마운 일이다.

❸ 彼(かれ)は私財(しざい)を擲(なげう)ち、子供(こども)たちの安全(あんぜん)な遊(あそ)び場(ば)を作(つく)ろうとするのであった。
그는 사재를 쾌척하여 아이들의 안전한 놀이터를 만들려고 하는 것이었다.

❹ 自分(じぶん)の命(いのち)を擲(なげう)ってまで子(こ)ぐまを助(たす)けようとする母(はは)ぐまの姿(すがた)に深(ふか)く心(こころ)を打(う)たれた。
자신의 목숨을 내던지며까지 새끼 곰을 구하려고 하는 어미 곰의 모습에 깊이 감동했다.

❺ この一瞬(いっしゅん)を永遠(えいえん)に留(と)めておく方法(ほうほう)があるのなら、全(すべ)ての知識(ちしき)を擲(なげう)って交換(こうかん)したかった。
이 순간을 영원히 멈춰둘 방법이 있다면, 모든 지식을 내놓고 교환하고 싶었다.

004 >>> 和^{なご}む □□□□

意　日 気^き持^もちがおだやかになって落^おち着^つく，なごやかになる

　　　韓 누그러지다, 온화해지다

用　和^{なご}むは '雰^{ふん}囲^い気^き·表^{ひょう}情^{じょう}が和^{なご}む(분위기·표정이 온화해지다)', '心^{こころ}·気^き持^もちが和^{なご}む(마음·기분이 누그러지다)'처럼, 기분이 누그러지거나 온화해지는 경우에 사용한다.

例

❶ 少^{しょうじょ}女が来^きてから荒^{あら}くれ男^{おとこ}どもの周^{まわ}りの雰^{ふん}囲^い気^きが和^{なご}んできた。
소녀가 오고 나서 사나운 남자들 주위의 분위기가 부드러워졌다.

❷ どんなに疲^{つか}れていても子^こ供^{ども}たちの寝^ね顔^{がお}を見^みると、心^{こころ}が和^{なご}む。
아무리 지쳐있어도 아이들의 자는 얼굴을 보면 마음이 누그러진다.

❸ 表^{ひょうじょう}情が少^{すこ}し和^{なご}んでいるのは久^{ひさ}しぶりに先^{せんせい}生と呼^よばれたからかもしれ

ない。
표정이 조금 누그러져 있는 것은 오랜만에 선생님이라 불렸기 때문일지도 모른다.

❹ 全^{ぜんいん}員無^ぶ事^じと聞^きくや、集^{あつ}まっていた人^{ひとびと}々の表^{ひょうじょう}情がいっせいに和^{なご}み、
空^{くう}気^きが一^{いっぺん}変した。
전원 무사하다고 듣자마자 모여있던 사람들의 표정이 일제히 누그러지고 분위기가 일변했다.

❺ この絵^えを見^みるたびに、子^こ供^{ども}を温^{あたた}かく見^み守^{まも}る作^{さくしゃ}者の心^{こころ}が感^{かん}じられ、気^き
持^もちが和^{なご}んで来^くる。
이 그림을 볼 때마다 아이를 따뜻하게 지켜보는 작자의 마음이 느껴져 마음이 온화해졌다.

005 >>> 準える

意　㊀ ①ある物事を他の物事と同類・同格のものと見做す, 例える　②他の物に似せる

㊁ ① 견주다, 빗대다, 비유하다　② 본뜨다, 흉내 내다

用　準える는 '旅・物事・富士山に準える(여행・사물・후지산에 비유하다)', '姿・美しさを準える(모습・미에 비하다)'처럼, 무언가에 비유하거나 빗대는 경우에 사용한다. '準える'라고도 한다.

例

❶ 人生を旅に準えた文章が多い。
인생을 여행에 빗댄 문장이 많다.

❷ 天人が降りて歌い舞った姿を準える。
선녀가 내려와 노래하며 춤춘 모습을 빗댄다.

❸ 彼女の美しさは準えるとしたら、差詰め、スミレの花だろう。
그녀의 아름다움은 비하자면 필경 제비꽃일 것이다.

❹ この山は富士にも準えられるほどの姿の美しい山として有名である。
이 산은 후지에도 견주어질 정도의 모습이 아름다운 산으로 유명하다.

❺ 人間の心を具体的な物事に準えて隠喩で表現したのが特徴である。
인간의 마음을 구체적인 사물에 빗대어 은유로 표현한 것이 특징이다.

006 　宥める

意 　⑪ 興奮している人の気持ちを落ち着かせる，穏やかにする，和らげる

　　⑭ 달래다, 구슬리다, 가라앉히다

用 　宥める는 '子·友達·彼女を宥める(아이·친구·그녀를 달래다)'처럼, 상대의 비위를 맞춰 달래는 경우에 사용한다.

例

❶ 彼はすぐ彼女を宥めるような口調で云った。
　그는 바로 그녀를 달래는 듯한 어조로 말했다.

❷ この子はいったん怒り出すと、宥めてもすかしても聞かない。
　이 아이는 일단 화내기 시작하면 얼러도 달래도 듣지 않는다.

❸ 転んで泣いている子を若いお母さんが一生懸命宥めていた。
　넘어져 울고 있는 아이를 젊은 엄마가 매우 열심히 달래고 있었다.

❹ 今日こそは仕返しをするのだと息巻く友を宥めるのが大変だった。
　오늘은 꼭 복수를 하겠다며 씩씩거리는 친구를 달래는 것이 힘들었다.

❺ すべてを終了したところで、ようやく彼らは空腹を宥めることができた。
　모든 것을 종료한 상황에서 겨우 그들은 공복을 달랠 수가 있었다.

007 ▸▸▸ 懐く（なつく）　□□□□

意　🇯🇵 ① 親近感を抱いて慣れ親しむ，馴染む　② 動物が人間に付き従う，馴れる

　　🇰🇷 ① 익숙해져서 친하다　② 친숙하여 잘 따르다

用　懐くは 'お婆さん・先生に懐く(할머니・선생님을 잘 따르다)', '飼い主に懐く(주인에 잘 따르다)', '懐く子(잘 따르는 아이)'처럼, 아이가 어른 또는 학생이 선생님에 잘 따르거나, 동물이 인간에 잘 따르는 경우에 사용한다.

例

❶ 片道八キロの道を自転車で通う先生に生徒たちはとても懐いた。
편도 8킬로의 길을 자전거로 다니는 선생님을 학생들은 매우 잘 따랐다.

❷ 紙芝居を見せてやったりすると、すぐに懐く子とそうでない子がいた。
그림 연극을 보여주거나 하자 곧바로 따르는 아이와 그렇지 않은 아이가 있었다.

❸ 彼らはその美しい羽毛のために珍重され、その飼い主に非常によく懐く。
그들은 그 아름다운 깃털 때문에 소중히 여겨지고 그 주인에 아주 잘 따른다.

❹ 山から捕まえてきた子だぬきは、私がいくら世話をしても、なかなか懐かなかった。
산에서 잡아온 새끼 너구리는 내가 아무리 돌보아 주어도, 좀처럼 따르지 않았다.

❺ 勤めの都合で父母は遠い地に離れ住んでいるが、少年はおばあさんにとても懐いている。
직장 사정으로 부모는 먼 곳에 떨어져 살고 있지만, 소년은 할머니를 매우 잘 따르고 있다.

008 >>> 撫でる

<small>な</small>

□□□□

意

㊐ 掌などでそっと触れるようにしてそのまま動かす

㉿ ① 어루만지다, 쓰다듬다　② 빗질하다

用

撫でるは'体・手・顔・胸・腹・背・髪を撫でる(몸・손・얼굴・배・등・머리카락을 어루만지다)'처럼 사람의 신체나 머리 등을 어루만지는 경우에 사용한다. '胸を撫で下ろす(가슴을 쓸어내리다)'의 형태로도 사용한다.

例

❶ 濡れた体を撫でるその風のどこかに音楽を聞いたように思った。

젖은 몸을 어루만지는 그 바람 어딘가에 음악을 들은 것처럼 생각되었다.

❷ 道の両側に秋の草が茂り、歩いてゆく私たちの顔や手を撫でる。

도로 양옆에 가을 풀이 무성하여 걸어가는 우리의 얼굴이나 손을 스친다.

❸ 切り傷ができて固くなった指の皮膚で、写真の彼女の顔をそっと撫でる。

상처가 나 딴딴해진 손가락 피부로 사진 속 그녀의 얼굴을 살짝 쓰다듬는다.

❹ やさしい手つきで髪を撫でるのは、小さな子供を宥めるかのようだった。

부드러운 손놀림으로 머리를 쓰다듬는 것은 작은 아이를 위로하는 듯했다.

❺ 自分の体の悪い所と牛の像の同じ部分を撫でると病気が治ると言い伝えられている。

자신의 몸 안 좋은 곳과 소 동상의 같은 부분을 쓰다듬으면 병이 낫는다고 구전되고 있다.

─009 >>>> 靡^{なび}く □□□□

意 🔵 ①風や水の勢いに従って横に倒れるように揺れ動く ②相手の意思や威力に引き寄せられて従う ③異性に言い寄られて受け入れる

🔵 ①바람·물살 등에 옆으로 휘어지다, 흩날리다 ②상대에 끌려 따르다 ③마음이 쏠리다

用 靡く는 '髪が靡く(머리가 흩날리다)', '風に靡く(바람에 나부끼다)', '権力に靡く(권력에 따르다)', '人に靡く(사람에 이끌리다)'처럼, 바람이나 물살에 따라 옆으로 쓰러지듯 흔들리거나, 상대의 위력에 따르거나, 이성에 마음이 쏠리거나 하는 경우에 사용한다.

例

❶ 人が金と権力に靡くのは、いつの世も同じだ。
사람이 돈과 권력에 복종하는 것은 어느 시대도 똑같다.

❷ 道の両側には刈り入れ前の稲が風に靡いている。
길의 양측에는 수확 전의 벼가 바람에 나부끼고 있다.

❸ 付き合う内に彼女の心は次第に彼に靡いていった。
사귀는 사이에 그녀는 마음은 점점 그에게 빠져들어 갔다.

❹ 風に吹かれて彼女の長い髪がふわりと靡いている。
바람에 날려서 그녀의 긴 머리카락이 가벼이 떠오르며 흩날리고 있다.

❺ 黒い車は車にぶら下がっている国旗を靡かせて勢いよく走った。
검은색 자동차는 자동차에 매달려 있는 국기를 나부끼며 힘차게 달렸다.

010 怠ける

意 🗾 労力を惜しんでするべきことをしないで済ます、ずるける

㉿ 태만히 하다, 게으름 피우다

用 怠けるは'人が怠ける(사람이 게으름 피우다)', '仕事を怠ける(일을 태만히 하다)'처럼, 해야 할 일을 하지 않고 태만히 하거나 게으름을 피우는 경우에 사용한다. 비슷한 단어로 '怠る'가 있다.

例

❶ 彼は巧みに口実を作っては怠けたがるという性格だ。

그는 교묘히 핑계를 만들어서는 게으름 피우고 싶어 하는 성격이다.

❷ この若者は、どこにも働きに行かず、怠けて寝てばかりいる。

이 젊은이는 어디에도 일하러 가지 않고 게으름 부리며 자고만 있다.

❸ 監督が来る時だけやっていればいい仕事のようにみんな怠け合っていた。

감독이 올 때만 하고 있으면 되는 일처럼 모두 서로 게으름 피우고 있었다.

❹ 掃除はグループの共同責任だから、一人が仕事を怠ければ、みんなに影響する。

청소는 그룹 공동 책임이니까, 한 명이 일을 게을리하면 모두에게 영향을 미친다.

❺ あまり根を詰めてやるのは体に毒で、適当に休憩を取るのは怠ける部類に入らない。

너무 몰두해서 하는 것은 몸에 해로워 적당히 휴식을 취하는 것은 게으름 피우는 부류에 들어가지 않는다.

─011 ≫≫≫ 鈍る/訛る　□□□□

[鈍る]

意　🔵 ① 刃物の切れ味が悪くなる　② 体力などが弱くなる，鈍る　③ 技量などが低下する

　🔴 ① 칼이 무뎌지다　② 둔해지다　③ 동작이나 반응 등이 약해지다

用　鈍る는 '刀・包丁が鈍る(칼・식칼이 무뎌지다)', '体が鈍る(몸이 둔해지다)', '腕・動きが鈍る(실력・움직임이 떨어지다)'처럼, 칼이 무뎌지거나 체력이 약해지거나 기량이 떨어지는 경우에 사용한다.

例

❶ 手入れが悪いと、天下の名刀も鈍ってくる。
손질이 좋지 않으면, 천하의 명도도 무뎌진다.

❷ この包丁は二、三日研がないでいると、すぐ鈍る。
이 식칼은 2, 3일 갈지 않으면 금방 무뎌진다.

❸ 一か月も練習を休んだので、腕が鈍り、シュートがあまり決まらない。
1개월이나 연습을 쉬어 솜씨가 무뎌지고 슛이 잘 들어가지 않는다.

❹ 机に向かって試験勉強ばかりしていたせいか、体が鈍ってきたようだ。
책상 앞에 앉아서 시험공부만 하고 있던 탓인지 몸이 둔해진 것 같다.

❺ 低温で体の動きが鈍らないうちに安全地点に到達しなければならない。
저온으로 신체 움직임이 둔해지기 전에 안전 지점에 도달해야 한다.

[訛る]

意 ㊐ ① 言葉や発音が崩れる，標準語とは違ったある地方独特の発音をする
② 技量などが低下する

㊦ ① 말이나 발음이 무너지거나 변하다, 사투리를 하다　②기량이 떨어지다

用 訛るは '言葉が訛る(말이 변하다)', '発音が訛る(사투리 발음을 하다)'처럼, 말이 무너져 변하거나, 사투리를 쓰거나, 기량이 무뎌지는 경우에 사용한다.

例

❶ 元は花沢と呼ばれていたが、訛って初沢と呼ばれるようになった。
원래는 하나자와라고 불렸었는데 발음이 변해 하쯔자와라고 불리게 되었다.

❷ ミリンダとはメナンドロスの名がインド風に訛って伝わった名である。
미린다는 메난드로스의 이름이 인도식으로 변하여 전해진 이름이다.

❸ 島の名である阿多田の由来は「あたたかい」が訛ったとする説もある。
섬의 이름인 아따따의 유래는 「아따따까이」가 변했다는 설도 있다.

❹ 溝の些細の鳥が訛ってミソサザイと呼ばれるようになったとする説がある。
도랑의 하찮은 새가 변하여 미소사자이라고 불리게 되었다는 설이 있다.

❺ 言葉が訛っているせいで、私には半分も言っていることがわからなかった。
말이 사투리인 탓에 나는 절반도 말하는 것을 이해할 수 없었다.

012 >>> 均す（なら）　□□□□

意　圓 ①地面などの高低や凹凸をなくす，平らにする　②平均する

　　　圏 ①고르게 하다, 높고 낮음이나 울퉁불퉁함이 없도록 하다　②평균을 내다

用　均すは '土・テニスコート・凹凸を均す(흙・테니스코트・요철을 평평히 하다)', '月に均す(한 달 평균을 내다)'처럼, 지면을 평평하게 고르거나 수의 평균을 내는 경우에 사용한다.

例

❶ 近づいた種蒔きに備えて今日は畑の土を均すことにしよう。
다가온 씨뿌리기에 대비하여 오늘은 밭을 고르기로 하자.

❷ ガソリン代といっても、月に均すと二万円になるので、ばかにできない。
기름값이라고 해도 달로 평균을 내면 2만엔이 되어서 무시할 수 없다.

❸ 先日の台風で荒れてしまったテニスコートを、ローラーできれいに均した。
지난달의 태풍으로 엉망이 돼버린 테니스 코트를 롤러로 깔끔하게 골랐다.

❹ 仕上げにサンドペーパで凸凹を均し、ニスをぬれば本立てのできあがりだ。
마무리에 사포로 울퉁불퉁한 것을 고르고 니스를 칠하면 책꽂이의 완성이다.

❺ 今月は黒字でも先月が赤字だったから、この半年を均せば収支はトントンだ。
이번 달은 흑자라도 전달이 적자였으니 이 반년을 평균하면 수지는 제로이다.

013 >>>> **煮える**

意 ⊚ ①食べられるようになる，料理ができる　②液体が加熱されて湯になる，沸く
③ひどく腹が立つ

⊛ ①(음식이) 익다, 삶아지다　②끓다　③화나다, 속이 부글부글 끓다

用 煮えるは'鍋·湯が煮える(냄비·물이 끓다)', '豆·材料が煮える(콩·재료가 익다)'처
럼, 음식이 끓거나 재료가 익거나, 화가 나 부글부글 끓는 경우에 사용한다. 비슷한 단
어로 '煮る', '煮えきる'가 있다.

例

❶ 材料が煮えてきたら、お砂糖と醤油で味を付ける。
재료가 익게 되면 설탕과 간장으로 맛을 낸다.

❷ みなに馬鹿にされるたび、ぼくは悔しさで腸が煮えるようだった。
모두에게 무시당할 때마다 나는 분해서 속이 끓는 것 같았다.

❸ 頭の中はぐつぐつ煮えたスキヤキがパノラマのように広がっている。
머릿속은 부글부글 끓는 스끼야끼가 파노라마처럼 펼쳐지고 있다.

❹ 心地よい熱を放つ大きな竈があり、鍋ではいつも何かが煮えていた。
기분 좋은 열기를 내는 큰 부뚜막이 있어 냄비에서는 늘 무언가가 끓고 있었다.

❺ どこの船が炊いているのか、飯の煮える匂いが潮の香りに混ざって
届いてくる。
어느 배가 짓고 있는 것인지 밥이 익는 냄새가 바다 내음에 섞여 전해온다.

014 　濁す/濁る

□□□□

[濁す]

意　🇯🇵 ① 濁るようにする，濁らせる　② 言葉などを曖昧にする

　　　🇰🇷 ① 탁해지게 하다, 흐리게 하다　② 말 등을 애매하게 하다

用　濁すは‘水を濁す(물을 흐리다)’, ‘心を濁さず(마음을 흐트리지 않고)’, ‘言葉を濁す(말을 얼버무리다)’처럼, 물이나 마음 등을 탁하게 또는 흐리게 하거나, 말 등을 애매하게 하는 경우에 사용한다. ‘お茶を濁す(어물쩍 넘기다)’와 같은 관용어도 있다.

例

❶ あまり餌を与え過ぎて水槽の水を濁すと、金魚が病気になってしまう。
너무 먹이를 많이 주어 수조의 물을 흐리게 하면 금붕어가 병들어 버린다.

❷ 澄んでいた川を溝のように濁したのは川に生活排水を流した私たちだ。
맑았던 강을 하수구처럼 더럽힌 것은 강에 생활 배수를 내보낸 우리이다.

❸ どうしてなのと理由を聞くと、相手は言葉を濁してはっきりと答えてくれない。
어째서냐고 이유를 물으면 상대는 말을 흐리고 명확히 대답해주지 않는다.

❹ どんな時にも心を濁さず、純粋な気持ちを持ち続けたのは、すばらしいと思う。
어떤 때에도 마음을 흐리지 않고 순수한 기분을 쭉 간직한 것은 대단한 것 같다.

❺ 話の核心に触れようというところで、冗談を言ったりして、適当にお茶を濁す人がいる。
말의 핵심을 언급하려 하는 차에 농담하거나 하여 적당히 넘기는 사람이 있다.

[濁る]

【意】

㊰ ①液体や気体に透明でなくなる，ぼやけてはっきりしなくなる　②色や音が鮮明でなくなる，声が嗄れる　③清らかさや正しさを失う　④清音が濁音になる

㊱ ①흐려지다, 탁해지다, 멍해지다　②흐려지다, 목이 쉬다　③청결함이나 올바름을 잃다　④탁음이 되다

【用】濁るは‘水・海が濁る(물·바다가 탁해지다)’, ‘声が濁る(목이 쉬다)’, ‘心が濁る(마음이 흐려지다)’, ‘世の中が濁る(세상이 혼탁해지다)’처럼, 액체나 기체 또는 색이나 소리가 흐리고 탁해지거나, 마음이나 세상이 혼탁해지는 경우에 사용한다.

【例】

❶ 工場地帯の海は、どんよりと濁っていた。
공장 지대의 바다는 어둡게 탁해져 있었다.

❷ 水道の水が白く濁っているが、どうしたのかな。
수도의 물이 하얗게 탁해져 있는데 어떻게 된 일일까.

❸ 濁った世の中と嘆いてばかりいないで、明るい心で生きていこう。
혼탁해진 세상이라 한탄하고만 있지 말고 밝은 마음으로 살아가자.

❹ 彼女の澄んだきれいな声に比べ、このぼくは、なんて濁ったがらがら声だろう。
그녀의 맑은 깨끗한 목소리에 비해, 이 나는 얼마나 탁하고 걸걸한 목소리인가.

❺ 二つの言葉を組み合わせた時、鼻血・名高いのように下の言葉の始めの音が濁ることがある。
두 단어를 합쳤을 때 '鼻血''名高い'처럼 다음 단어의 첫 음이 탁음이 되는 일이 있다.

015 >>> 滲む
にじ

□□□□

意　🇯🇵 ① 液体が紙や布などに染みて広がる，染み出る，滲み出る　② 液体が染みて
文字などの輪郭がぼやける，涙で霞んで物がぼやけて見える　③ 表情などに
現れる

　🇰🇷 ① 번지다, 배다, 스며 나오다　② 흐려지다, 흐려 보이다　③ (감정 등이) 배어 나오
다, 나타나다

用　滲むは'インクが滲む(잉크가 번지다)'，'汗が滲む(땀이 배다)'，'血が滲む(피가 번지
다)'，'色が滲む(색이 번지다)'처럼, 액체가 번지거나 번져 나오거나 번져서 흐려 보이
거나 하는 경우에 사용한다.

例

❶ この紙はインクが滲みやすいので、鉛筆で書いたほうがいい。
이 종이는 잉크가 번지기 쉬우니까, 연필로 쓰는 편이 좋다.

❷ 絵の具が乾かないうちに次の色を塗ったので、色が滲んでしまった。
그림물감이 마르기 전에 다음 색을 칠했기 때문에 색이 번져버렸다.

❸ 男の子が泣きながら起き上がると、その膝には血が赤く滲んでいた。
남자애가 울면서 일어나자 그 무릎에는 피가 빨갛게 배어 나와 있었다.

❹ 歩いて十五分ほどの駅まで急ぎ足で行ったら、体に汗が滲んできた。
걸어서 15분 정도의 역까지 빠른 걸음으로 갔더니 몸에 땀이 배어 나왔다.

❺ 母は貧しい生活の中で血の滲むような苦労をして私たちを育ててく
れた。
엄마는 가난한 생활 속에서 피나는 그런 고생을 해 우리를 길러주었다.

016 躙る

意 ⓐ (自)①膝を動かして少しずつ動く　(他)②押しつけてすり動かす

ⓑ ①무릎으로 기어가다　②짓밟다, 짓이기다

用 躙る는 오단동사로 '躙って傍に来る(기어 옆으로 오다)', '躙って近くに寄る(기어 근처로 다가오다)', '火を躙って消す(불을 밟아 끄다)'처럼, 무릎을 움직여 조금씩 움직이거나 대상을 밟아 짓이기는 경우에 사용한다. '踏み躙る(짓밟다)'가 많이 사용된다.

例

❶ 靴の底でタバコの火を躙って消す。
구두 바닥으로 담뱃불을 밟아 끄다.

❷ ゆっくりゆっくり戸口の方へ躙り出て行く。
천천히 천천히 문 쪽으로 무릎으로 기어나간다.

❸ 石で草を躙ったら石が緑色に染まった。
돌로 풀을 짓이겼더니 돌이 녹색으로 물들었다.

❹ これはあまりに女の心を踏み躙った考え方である。
이것은 너무 여자의 마음을 짓밟은 사고방식이다.

❺ 階段を躙るようにして昇ってくるような物音が微かだが、確かに聞こえた。
계단을 기듯이 하여 올라오는 듯한 소리가 희미하지만 확실하게 들려왔다.

❻ 彼は祭りが終わった後、床に躙られて破れた紙を綺麗に片付けていた。
그는 축제가 끝난 후 바닥에 짓밟혀 찢어진 종이를 깨끗이 정리하고 있었다.

017 ››› 睨む (にら) □□□□

意

⽇ ①鋭い目つきで相手をじっと見る　②精神を集中してじっと見る, 注意深く観察する　③見当をつける, 目星をつける

韓 ①쏘아보다, 노려보다　②응시하다, 주시하다　③예상하다, 짐작하다, 점찍다

用

睨むは '熊が睨む(곰이 노려보다)', '時計・地図を睨む(시계・지도를 응시하다)'처럼, 매섭게 노려보거나 쏘아보거나, 또는 주의깊게 응시하거나, 무언가를 예상 또는 짐작하는 경우에 사용한다. '課長・先生に睨まれる(과장・선생님의 눈밖에 나다)'처럼 수동형으로 누군가의 눈 밖에 나는 경우에도 사용한다.

例

❶ 母熊は岩の上からぐっと私たちを睨んでいた。

어미 곰은 바위 위에서 꿀꺽하고 우리를 노려보고 있었다.

❷ あの課長に睨まれたら最後、首にもなりかねない。

그 과장에게 미움을 사면 마지막에 해고도 될지 모른다.

❸ 遅れそうなので、時計を睨みながらバスを待っていた。

늦을 것 같아 시계를 주시하며 버스를 기다리고 있었다.

❹ 分かりにくい山道を、ぼくたちは地図を睨んで進んで行った。

알기 어려운 산길을 우리는 지도를 주의 깊게 보며 나아갔다.

❺ 授業中いたずらばかりしているから、きっと先生に睨まれているだろう。

수업 중 장난만 치고 있으니 분명 선생님이 노려보고 있을 것이다.

018 抜かす

意 🇯🇵 ①入れなくてはならないものを入れないでしまう，間を飛ばす，それなしで済ませる ②抜けるようにする，力や勢いなどを失わせる ③追い抜く，抜く ④言いやがる，ほざく

🇰🇷 ①빠뜨리다, 빼다, 사이를 건너뛰다 ②힘이나 기세를 잃게 하다 ③추월하다 ④지껄이다

用 抜かすは'内容を抜かす(내용을 빠트리다)', 'メンバーから抜かす(멤버에서 빼다)', '現を抜かす(정신을 빼먹다)', '人を抜かす(사람을 추월하다)'처럼, 무언가를 빼거나 빠트리거나 추월하는 경우에 사용한다. '腰を抜かす(허리를 삐다, 깜짝 놀라다, 일어설 기력이 없다)'와 같은 관용어도 사용된다.

例

❶ 学生の分際で、マージャンに現を抜かすとは何事だ。
학생 신분으로 마작에 제정신을 잃다니 무슨 짓이냐.

❷ 今日のリレーでは四人も抜かしてトップでテープを切った。
오늘 릴레이에서는 네 사람이나 추월하여 톱으로 테이프를 끊었다.

❸ 明日の試合では練習を休んでばかりいた人はメンバーから抜かす。
내일 시합에서는 연습을 쉬고만 있던 사람은 멤버에서 뺀다.

❹ 感想文を提出したのはいいけれど、大切なところを抜かしてしまった。
감상문을 제출한 것은 좋았는데 중요한 점을 빠트려 버렸다.

❺ 昨夜の地震の時、おばあさんは驚きのあまり腰を抜かしてしまったそうだ。
어제저녁 지진 때 할머니는 놀란 나머지 허리를 삐고 말았다고 한다.

019 >>> 拭う

□□□□

意 🇯🇵 ①布などで水分や汚れを拭き取る，拭く　②好ましくない事柄を消し去る，取り去る

🇰🇷 ①닦다, 닦아내다　②창피·오점 등을 지워 없애다

用 拭うは '汗·涙·口を拭う(땀·눈물·입을 닦다)', '汚点を拭う(오점을 지우다)' 처럼, 물기나 더러워진 곳을 닦아내거나, 수치나 오점 등을 지워 없애는 경우에 사용한다.

例

❶ 炎天下を人々は額の汗を拭いながら歩いている。
땡볕을 사람들은 이마의 땀을 닦으면서 걷고 있다.

❷ 事件後、彼らは何も見なかったかのように口を拭いとおした。
사건 후 그들은 아무것도 보지 않은 것처럼 입을 굳게 다물었다.

❸ 彼はナプキンで口を拭うと、ボーイに皿を下げるように命じた。
그는 냅킨으로 입을 닦고 웨이터에게 접시를 치우도록 명했다.

❹ この行為によって彼は人生に拭いきれない汚点を残したと言われる。
이 행위에 의해 그는 인생에 지울 수 없는 오점을 남겼다고 말해진다.

❺ 姉の結婚式で、父は嬉しいのか寂しいのか、そっと涙を拭っていた。
언니 결혼식에서 아버지는 기쁜 것인지 쓸쓸한 것인지 살짝 눈물을 닦고 있었다.

020 >>> 塗る

[意] 圓 ① 表面に液状や糊状のものを広がるように付ける　② 表面に色を付ける，着色する，彩色する

韓 ① 바르다　② 칠하다, 색을 입히다

[用] 塗るは '薬·油を塗る(약·기름을 바르다)', '壁·絵の具·漆を塗る(벽·그림물감·옻을 칠하다)', 'おしろいを塗る(분을 바르다)'처럼, 무언가를 바르거나 칠을 하는 경우에 사용한다. '顔に泥を塗る(얼굴에 먹칠을 하다)'와 같은 관용어로도 사용한다.

[例]

① 火傷に油などを塗っても、たいした効果は期待できない。

화상에 기름 등을 발라도 큰 효과는 기대할 수 없다.

② 舞子さんは顔や首にきれいにおしろいを塗って席に出る。

무희는 얼굴이나 목에 예쁘게 분을 칠하고 자리에 나간다.

③ ぼくは、パンにバターをたっぷり塗って食べるのが好きだ。

나는 빵에 버터를 듬뿍 발라 먹는 것을 좋아한다.

④ 中古の家も壁を白く塗ると、ピカピカの新築の家のように見える。

중고 집도 벽을 하얗게 칠하면 반짝반짝한 신축 집처럼 보인다.

⑤ ひどい突き指をした時には、しっぷ薬を塗って冷やした方がいい。

심하게 손가락을 부딪쳤을 때는 찜질 약을 발라 식히는 편이 좋다.

021 >>> 寝かす

□□□□

【意】　🇯🇵 ①寝つくようにする，寝かせる　②横にする，横に倒す　③品物・金銭などを活用しないでそのままにしておく　④発酵・熟成したり味を馴らしたりするために、一定の温度を保った場所にしばらくおく

　　　🇰🇷 ①누이다, 재우다　②쓰러뜨리다, 눕히다　③옆으로 놓다　④묵혀두다, 묻어두다　⑤숙성시키다

【用】　寝かすは ‘怪我人を寝かす(부상자를 눕히다)’, ‘ベッドに寝かす(침대에 누이다)’, ‘隅に寝かす(구석에 옆으로 놓다)’, ‘商品を寝かす(상품을 묵혀두다)’처럼, 사람을 누이거나 재우고, 눕히거나 옆으로 놓거나, 숙성시키거나 묵혀두는 경우에 사용한다.

【例】

❶ 使い終わったら、梯子は庭の隅に寝かしておけばよい。
다 썼으면 사다리는 마당의 구석에 옆으로 놓아두면 돼.

❷ 味噌は煮込んだ大豆に麹や食塩を混ぜて寝かして作る。
된장은 푹 삶은 대두에 누룩이나 식염을 섞어서 숙성시켜 만든다.

❸ 怪我人をその場に寝かしたまま、大急ぎで救急車を呼んだ。
다친 사람을 그 자리에 눕힌 채 아주 급하게 구급차를 불렀다.

❹ 母親は騒いでいる子供たちを、やっとベッドに寝かしつけた。
어머니는 떠들고 있는 아이들을 겨우 침대에 재웠다.

❺ 倉庫に商品を寝かしておかないで、在庫一掃のバーゲンセールをしよう。
창고에 상품을 묵혀두지 말고 재고 정리 바겐세일을 하자.

022 >>> 労う^{ねぎら}

意 🇯🇵 労苦や骨折りを慰め、感謝する

🇰🇷 치하하고 위로하다

用 労うは '人を労う(사람을 위로하다)', '労を労う(노고를 치하하다)'처럼, 사람의 노고나 고생을 위로하거나 치하하는 경우에 사용한다. 비슷한 어로 '労る(위로하다)'가 있다.

例

❶ 遠いところをわざわざ、と弁護士が労うように言った。
먼 곳까지 일부러 하며 변호사가 위로하듯이 말했다.

❷ 言葉は分からないが、おそらく労ってくれているのだろうと思う。
말은 모르겠지만 아마 위로해주고 있는 것일 것으로 생각한다.

❸ 負けて帰ってきた将軍でも労ってやり、時には昇格させたという。
지고 돌아온 장군이라도 위로해주고 때로는 승격시켰다고 한다.

❹ 彼の労を労うため、私は彼に願い事を叶えてやると言ってやった。
그의 노고를 치하하기 위해 나는 그에게 원하는 바를 들어주겠다고 말해 주었다.

❺ 元気だった頃の夫は思いやりがあり、彼女を労ってくれる優しい男だった。
건강했을 때의 남편은 배려가 있고 그녀를 위로해주는 자상한 남자였다.

023 >>>> 捻る

意 🇯🇵 ① 力を加え、ひねて回す ② 体の筋を違える，捻挫する

🇰🇷 ① 꼬다, 틀다, 비틀다, 몸을 돌리다 ② 삐다, 염좌하다

用 捻る는 '蛇口を捻じる(수도꼭지를 틀다)', '手ぬぐいを捻る(수건을 짜다)', '手を捻る(손을 비틀다)', '全身を捻る(전신을 돌리다, 비틀다)'처럼, 수건을 비틀어 짜거나, 수도꼭지나 스위치를 틀거나, 팔이나 손목을 비틀거나, 몸을 뒤틀거나, 손발을 삐거나 하는 경우처럼 무언가를 비트는 경우에 사용한다.

例

❶ 蛇口が故障したのか、なかなか捻れない。
　수도꼭지가 고장 났는지 좀처럼 틀어지지 않는다.

❷ 刑事は犯人の両腕を後ろに捻じって掴んだ。
　형사는 범인의 양팔을 뒤로 비틀어 잡았다.

❸ 寝起きの子供が全身を捻って背伸びをした。
　잠에서 깬 아이가 온몸을 비틀며 기지개를 켰다.

❹ 彼女を騙すのは赤子の手を捻るようなものだ。
　그녀를 속이는 것은 갓난아이 손을 비트는 것과 같은 것이다.

❺ 手ぬぐいを捻って頭に巻いた植木屋さんが庭の手入れをしている。
　수건을 비틀어 머리에 동여맨 정원사가 정원 손질을 하고 있다.

024 >>> 妬_{ねた}む

妬む

意 　⒥ 他人_{ひと}を羨_{うらや}んで憎_{にく}らしいと思_{おも}う，妬_{ねた}ましく思_{おも}う

　　⒦ 시샘하다, 질투하다

用 　妬_{ねた}むは '相手_{あいて}・仲間_{なかま}を妬_{ねた}む(상대·동료를 질투하다)', '幸福_{こうふく}・成功_{せいこう}を妬_{ねた}む(행복·성공
을 시샘하다)'처럼, 시샘하거나 질투하는 경우에 사용한다. 비슷한 어로 '嫉妬_{しっと}する',
'嫉_{そね}む'가 있다.

例

❶ みんなに好_すかれる彼女_{かのじょ}を妬_{ねた}む人_{ひと}がいる。
모두가 좋아하는 그녀를 질투하는 사람이 있다.

❷ 他人_{たにん}の幸福_{こうふく}を妬_{ねた}んでばかりいたら、自分_{じぶん}は幸福_{こうふく}になれない。
타인의 행복을 질투하고만 있으면 자신은 행복해지지 못한다.

❸ もし彼_{かれ}らと同_{おな}じ立場_{たちば}にいたら、物書_{ものか}きとなった仲間_{なかま}を妬_{ねた}んだだろう。
만약 그들과 같은 입장에 있다면 서기가 된 동료를 질투했을 것이다.

❹ おめでとうと言_いいながら、ぼくは心_{こころ}の隅_{すみ}で友人_{ゆうじん}の成功_{せいこう}を妬_{ねた}んでいた。
축하해라고 말하면서, 나는 마음 구석에서 친구의 성공을 질투하고 있었다.

❺ 「妬_{ねた}む」はその人_{ひと}がいつか失敗_{しっぱい}すればいいというような憎_{にく}む気持_{きも}ちを
含_{ふく}んでいる。
'질투하다'는 그 사람이 언젠가 실패하면 좋겠다라는 그런 미워하는 마음을 포함하고 있다.

---

025 〉〉〉 **強請る**（ねだる）   □□□□

意 ⑪ 甘（あま）えたり無理（むり）を言（い）ったりして欲（ほ）しいものを請（こ）い求（もと）める

　　 ㉿ 조르다, 보채다, 위협하여 금품을 요구하다

用 強請（ねだ）るは 'おやつ・餌（えさ）を強請（ねだ）る(간식・먹이를 보채다)', 'カバン・小遣（こづか）いを強請（ねだ）る(가방・용돈을 조르다)'처럼, 응석을 부리며 무리하게 필요한 것을 보채거나 조르는 경우에 사용한다.

例

❶ うちのインコは小（ちい）さな頭（あたま）を振（ふ）り立（た）てて餌（えさ）を強請（ねだ）る。

우리 잉꼬는 작은 머리를 세워 흔들며 먹이를 재촉한다.

❷ 彼女（かのじょ）は去年（きょねん）買（か）ってもらったのがあるのに、またカバンをお強請（ねだ）りしている。

그녀는 작년에 사준 것이 있는데 또 가방을 조르고 있다.

❸ 道楽息子（どうらくむすこ）はお金（かね）を使（つか）い果（は）たすと家（いえ）へ帰（かえ）ってきて親（おや）に小遣（こづか）いを強請（ねだ）っていく。

방탕한 아들은 돈을 탕진하면 집에 돌아와 부모에게 용돈을 뜯어 간다.

❹ 兄（あに）は自分（じぶん）を追（お）い掛（か）けながらしつこく強請（ねだ）る弟（おとうと）が面倒（めんどう）くさいながらも可愛（かわい）かった。

형은 자신을 쫓아다니면서 끈질기게 조르는 동생이 귀찮으면서도 귀여웠다.

❺ 山（やま）で仕事中（しごとちゅう）の母（はは）におやつを強請（ねだ）ると、しょいこに付（つ）けた袋（ふくろ）から出（だ）してくれたものだ。

산에서 일 중인 어머니에게 간식을 조르면 지게에 단 주머니에서 꺼내주곤 했다.

026 練る

意 🗾 (他) ① 斑がない、柔らかい、しなやかだ、粘りがある、などという状態にするために火を通したり捏ねたり伸ばしたりする ② さらに工夫したり訓練したりしてよいものにする (自) ③ 人に見せるために列を作ってゆっくり進む

🇰🇷 ① 밀가루 반죽하다, 실을 누이다, 팥을 개다, 쇠를 불리다 ② 좀더 생각하거나 단련하여 좋은 것으로 만들다, 다듬다, 기르다, 연마하다 ③ 열을 지어 천천히 나아가다

用 練るは '餡こを練る(팥을 개다)', '計画·文章を練る(계획·문장을 다듬다)', '行列が街を練る(행렬이 거리를 나아가다)'처럼, 반죽을 하거나 계획이나 생각을 잘 다듬거나 인격을 수련하는 경우에 사용한다.

例

① 苦しみに耐えることが君たちの人格を練るのに役立つ。
괴로움에 견디는 일이 자네들의 인격을 수련하는 데 도움이 된다.

② 伝統的な日本建築の壁は藁を混ぜた土を練って塗った。
전통적인 일본건축의 벽은 짚을 섞은 흙을 반죽해서 바른다.

③ 母を手伝って、小豆を煮、あんを練っておはぎをたくさん作った。
어머니를 도와 팥을 삶아 팥소를 개어 '오하기떡'을 많이 만들었다.

④ 近くの仲間が集まって夏休みの子供盆踊り大会の計画を練った。
근처의 친구들이 모여서 여름방학 어린이 '봉오도리' 대회의 계획을 다듬었다.

⑤ 文章を練りに練ったので、この作文はわれながらよいできだと自信がある。
문장을 다듬고 다듬어서 이 작문은 내가 생각해도 잘 되었다고 자신이 있다.

⎯027⎯ ⟫⟫⟫ 仰け反る ☐☐☐☐

意
- �日 仰向いて後ろに反り返る
- ㊨ 위를 향해 뒤로 몸을 젖히다

用 仰け反る는 '体を仰け反る(몸을 뒤로 젖히다)', '後ろに仰け反る(뒤로 젖히다)'처럼, 몸을 위를 향해 뒤로 젖히는 경우에 사용한다.

例

❶ 目の前にいた二人は驚いて後ろに仰け反った。
눈앞에 있던 두 사람은 놀라서 뒤로 몸을 젖혔다.

❷ 逃げる兵は襲い掛かる弾を背に受けて仰け反っては倒れていく。
도망치는 병사는 엄습하는 총알을 등에 맞고 몸을 젖히고는 쓰러져간다.

❸ 先生は体を仰け反らせながら「わっはっは」と大きな声で笑った。
선생님은 몸을 뒤로 젖히며 '아하하'하고 큰 소리로 웃었다.

❹ 尻を鞭で打たれた馬は前足を上げて大きく仰け反ると「ヒヒーン」」と嘶いた。
엉덩이를 채찍으로 맞은 말은 앞발을 들어 크게 몸을 젖히고 '히힝'하고 울었다.

❺ 物陰からいきなり飛び出して来た子供に彼は仰け反りながら大げさに驚いて見せた。
안 보이는 곳에서 불쑥 튀어나온 아이에 그는 몸을 젖히며 과장되게 놀라 보였다.

028 〉〉〉 <ruby>退<rt>の</rt></ruby>ける □□□□

意 🇯🇵 ①今までいた場所から立ち去らせる，退かす　②やりにくいことを平気で、また見事にしてしまう

🇰🇷 ①딴 곳으로 옮기다, 물리다　②훌륭히 …하다, 해치우다

用 退けるは'箱・木を退ける(상자·나무를 치우다)'처럼, 물건 등을 딴 데로 옮기거나 치우는 경우에 사용한다. 'やってのける'로 사용하여 무언가를 해치우는 경우에도 사용한다.

例

❶ お客さんが大勢来るので、玄関を広くするため下駄箱を退けた。
손님이 많이 와서 현관을 넓히기 위해 신발장을 치웠다.

❷ 私は先に立って道の邪魔になる木の枝などを退けながら歩いた。
나는 앞에 서서 길의 방해가 되는 나뭇가지 등을 치우면서 걸었다.

❸ 彼は、かつてだれもできなかった難しい技を見事にやってのけた。
그는 전에 누구도 할 수 없었던 어려운 기술을 훌륭히 해냈다.

❹ 彼らは相手の評判を傷つけるためには何でもやってのけるだろう。
그들은 상대의 평판을 해치기 위해서는 무엇이든 해낼 것이다.

❺ なるほどその計画は難しい仕事だが、彼女ならやってのけるだろう。
정말 그 계획은 어려운 일이지만 그녀라면 해낼 것이다.

029 ≫≫ のたうつ □□□□

意 🗾 苦しがってもがく、苦痛に転げ回る

🇰🇷 몸부림치다, 나뒹굴다.

用 のたうつは '毒を飲んでのたうつ(독을 마시고 몸부림치다)', '激痛でのたうつ(격통으로 나뒹굴다)'처럼, 괴로워서 발버둥치거나 고통으로 나뒹구는 경우에 사용한다.

例

❶ 悲鳴すら上げられず、息を呑んでのたうつ彼をじっと見ていた。
비명조차 못 지르고 숨도 못 쉬며 몸부림치는 그를 가만히 보고 있었다.

❷ 死なずに、この世の中をのたうっても生きていればよかったのに。
죽지 않고 이 세상을 나뒹굴어도 살아있었으면 좋았을 텐데.

❸ 私は彼の足に鳩尾を蹴られてしばらく息もできずに床にのたうった。
나는 그의 발에 명치를 차여 한동안 숨을 못 쉬고 바닥에 뒹굴었다.

❹ ラジオによって日本がいま断末魔の苦悶にのたうっていることを知った。
라디오를 통해 일본이 지금 단말마의 고통에 몸부림치고 있는 것을 알았다.

❺ 三人は声もなく倒れ、あと二人は悲鳴を上げて血だまりの中をのたうっている。
셋은 소리도 없이 쓰러지고 나머지 둘은 비명을 지르고 유혈 속을 나뒹굴고 있다.

意　🇯🇵 非難して怒鳴る，口汚く声をあげて悪口を言う，罵倒する

　　　🇰🇷 욕하다, 매도하다

用　罵るは‘人・相手を罵る(사람·상대를 욕하다)’, ‘人に罵られる(사람에게 욕설을 듣다)’처럼, 사람을 욕하거나 매도하는 경우에 사용한다.

例

❶ 酔っぱらいに口汚く罵られて、ついに堪忍袋の緒が切れた。
취객에게 추잡한 욕설을 듣고 결국 화가 터져 버렸다.

❷ 手に取ったのがつまらない本だと母は読みながら作者を小声で罵った。
손에 잡은 것이 시시한 책이라고 엄마는 읽으면서 작자를 작은 소리로 욕했다.

❸ 友達に嘘つきと罵られた少年は誤解を解こうともせず、黙り込んでいた。
친구에게 거짓말쟁이라고 매도당한 소년은 오해를 풀려고도 하지 않고 가만히 있었다.

❹ 対戦相手に攻撃的な言葉を浴びせたり罵ったりすると資格を剥奪される。
대전 상대에 공격적인 말을 퍼붓거나 매도하거나 하면 자격을 박탈당한다.

❺ 使用人であった彼女は口喧しい主人に罵られないようにと、いつもビクビクしていた。
사용인이었던 그녀는 까탈스러운 주인에게 욕을 먹지 않도록 언제나 주뼛주뼛했었다.

031 呪う(のろう)

□□□□

意 🇯🇵 ① 相手に災いが起るように神仏に祈る　② 強く恨む

🇰🇷 ① 저주하다　② 원망하다

用 呪う는 '神・運命・世を呪う(신・운명・세상을 저주하다)', '悪魔に呪われる(악마에 저주받다)'처럼, 상대나 운명, 세상 등을 저주하는 경우에 사용한다.

例

① 最愛の娘を失った若い母親は、あまりの悲しみに神を呪った。
가장 사랑하는 딸을 잃은 젊은 어머니는 너무 슬퍼서 신을 저주했다.

② 彼は自分の前に一点の微かな光明も見せてくれない運命を呪った。
그는 자신 앞에 한점의 희미한 광명도 보여주지 않는 운명을 저주했다.

③ 思うようにいかないからといって、世を呪って生きるなど馬鹿げている。
생각하는 대로 되지 않는다고 해서 세상을 저주하고 사는 등은 어리석다.

④ 愛する人を嫉妬心から毒殺した王は呪われた運命の持ち主と言える。
사랑하는 사람을 질투심으로 독살한 왕은 저주받은 운명의 소유자라고 할 수 있다.

⑤ 眠り姫は悪魔に呪われたために、茨の塔の中で眠り続けなければならなかった。
잠자는 공주는 악마에게 저주받았기 때문에, 가시나무 탑 안에서 계속 자야만 했다.

032 >>>>> 映える(栄える)

意

🇯🇵 ①光に照らされて輝く，照り映える ②鮮やかに引き立って見える ③立派に見える，目だつ

🇰🇷 ① 빛을 받아 빛나다 ② 대조되어 돋보이다 ③ 훌륭하게 보이다, 눈에 띄다

用 映えるは'服が映える(옷이 돋보이다)', '夕日·灯火に映える(석양·등불에 빛나다)', '笑顔が映える(웃는 얼굴이 눈에 띄다)'처럼, 물체가 빛나거나, 대상이 돋보이거나 눈에 띄는 경우에 사용한다.

例

[映える/栄える]

❶ 彼女は淑やかで和服の映える日本的な美人だ。
그녀는 얌전하고 일본 옷이 돋보이는 일본적인 미인이다.

❷ 汽車の窓から見た島々は夕日に映えてとても美しかった。
기차 창문에서 본 섬들은 석양에 빛나서 아주 아름다웠다.

❸ 明るい色のスカーフは暗い色の洋服に合わせると、よく映える。
밝은색 스카프는 어두운 색 양복에 맞추면 잘 어울린다.

❹ クラスメートの中にいると、あなたの笑顔は一段と映えて素晴らしい。
반 친구 안에 있으면 당신의 웃는 얼굴은 한층 눈에 띄어 근사하다.

❺ 日が暮れて港に灯火が映える頃になって、海を見ながら彼が言った。
날이 저물고 항구에 등불이 빛날 무렵이 되어 바다를 보면서 그가 말했다.

033 >>> 生える/生やす □□□□

[生える]

意 📖 ① 植物の根・芽・枝などが伸び出る，生じる　② 動物の体から毛・歯・角などが生じる

🌐 ① 뿌리·가지·싹이 자라다, 생기다　② 털·이·뿔이 나다, 자라다, 생기다

用 生えるは'羽・角・歯・刺が生える(날개·뿔·이·가시가 생기다/나다)', '木・草花・種が生える(나무·화초·씨앗이 자라다)', '黴が生える(곰팡이가 슬다)'처럼, 무언가가 나거나 자라거나 생기거나 하는 경우에 사용한다.

例

❶ 鹿の雄は成長すると立派な角が生えてくる。
수컷 사슴은 성장하면 훌륭한 뿔이 자라난다.

❷ 梅雨のような湿っぽい季節には黴が生えやすい。
장마와 같은 습기가 많은 계절에는 곰팡이가 피기 쉽다.

❸ 川の土手一面に草花が生え、鳥の囀る春となった。
강의 둑 일대에 화초가 나고 새가 지저귀는 봄이 되었다.

❹ 家の裏には松の木がたくさん生えていて防風林になっている。
집 뒤편에는 소나무가 많이 나 있어서 방풍림이 되고 있다.

❺ ハリネズミは敵に会うと、体を丸めて刺の生えた毬のようになる。
고슴도치는 적을 만나면 몸을 둥글게 하여 가시가 난 공처럼 된다.

⑥ 蒔かぬ種は生えぬというが、物事には必ず原因があるものだ。

뿌리지 않은 씨는 나지 않는다고 하는데 일에는 반드시 원인이 있는 법이다.

⑦ 隣の赤ちゃんは生後七か月になるが、やっと前歯が二本、生え始めた。

이웃집 아기는 생후 7개월이 되는데 겨우 앞니가 2개 나기 시작했다.

[生やす]

意 ⑧ ①毛・歯・髪・足などを生じさせる ②髪・髭を伸ばす ③植物などを生えるがままに任せる

㉔ ①나게 하다 ②기르다 ③자라게 하다,

用 生やすは '髭を生やす(수염을 기르다)', '毛を生やす(머리를 나게 하다)', '雑草・芝・根を生やす(잡초・잔디・뿌리를 자라게 하다)'처럼, 무언가를 나거나 기르거나 자라게 하는 경우에 사용한다.

例

❶ 昔は田に雑草を生やすのは百姓の恥とされていた。

옛날에는 논에 잡초를 자라게 하는 것은 농민의 수치로 여겨졌었다.

❷ 隣のおじさんは芝をびっしりと生やした庭でいつも寝転んでいる。

이웃집 아저씨는 잔디를 빽빽이 자라게 한 정원에서 항상 뒹굴고 있다.

❸ どんな土地にもしっかりと根を生やす草のように私も強くなりたい。

어떤 땅에도 단단히 뿌리를 내리는 풀처럼 나도 강해지고 싶다.

❹ その商人は今でもよく記憶に残っているが、大きな髯を生やした男

　である。

그 상인은 지금도 잘 기억에 남아있는데, 거대한 수염을 기른 남자이다.

❺ 髪の薄くなった先生は元通りに毛を生やすと、薬などを使って頑

　張っている。

머리숱이 줄어든 선생님은 원래대로 머리를 나게 한다고 약 등을 쓰며 힘쓰고 있다.

034 >>> 捗る（はかどる）

☐☐☐☐

意　⊞ 物事（ものごと）が順調（じゅんちょう）に能率（のうりつ）よく進（すす）む

　　　⊛ 나아가다, 진척되다

用　捗（はかど）る는 '勉強（べんきょう）·研究（けんきゅう）·仕事（しごと）·作業（さぎょう）·工事（こうじ）が捗（はかど）る(공부·연구·일·작업·공사가 진척되다)', '交渉（こうしょう）が捗（はかど）る(교섭이 잘 진행되다)'처럼, 사물이 순조롭게 잘 되어가는 경우에 사용한다.

例

❶ 妹（いもうと）がうるさくて、少（すこ）しも勉強（べんきょう）が捗（はかど）らなかった。
여동생이 시끄러워 조금도 공부가 진척되지 않았다.

❷ 雨天続（うてんつづ）きのため、家（いえ）の前（まえ）の道路工事（どうろこうじ）は、なかなか捗（はかど）らない。
비가 계속 내리는 탓에 집 앞 도로 공사는 좀처럼 진척되지 않는다.

❸ 健康（けんこう）を取（と）り戻（もど）してからというもの、近（ちか）ごろは仕事（しごと）も順調（じゅんちょう）に捗（はかど）っている。
건강을 회복한 이후로 요즘은 일도 순조롭게 진척되고 있다.

❹ 貿易（ぼうえき）に関（かん）しては両国（りょうこく）とも主張（しゅちょう）を譲（ゆず）らず、交渉（こうしょう）はいっこうに捗（はかど）っていない。
무역에 관해서는 양국 모두 주장을 굽히지 않아 교섭은 전혀 진행되고 있지 않다.

❺ 毎日（まいにち）ただ書（か）いているような気（き）がするのに、少（すこ）しも捗（はかど）っていないのが不思議（ふしぎ）だ。
매일 그저 쓰고 있는 듯한 느낌이 드는데, 조금도 진척되지 않는 것이 이상하다.

035 掃く □□□□

意 ㊐ ① 箒などでごみを払い除く，払い除くために寄せ集める　② 掃き清める，掃除する　③ 刷毛·筆などで塗る，眉の形を描いたり整えたりする

㊗ ① 쓸다　② 청소하다　③ 붓이나 솔로 칠하다, 바르다

用 掃く는 '玄関·庭先を掃く(현관·뜰앞을 쓸다)', '箒で掃く(비로 쓸다)', '刷毛·筆で掃く(솔·붓으로 칠하다, 바르다)' 처럼, 비로 쓸거나 청소하거나, 솔·붓으로 바르거나 칠하는 경우에 사용한다.

例

❶ 庭を箒で掃いて集めた落ち葉で焚き火をした。
정원을 비로 쓸어 모은 낙엽으로 모닥불을 피웠다.

❷ 青く晴れ上がった空に薄く刷毛で掃いたような雲が浮かんでいた。
파랗게 맑게 갠 하늘에 얇게 솔로 칠한 듯한 구름이 떠 있었다.

❸ うぬぼれるなよ。君ぐらいの選手なら掃いて捨てるほどいるんだからな。
자만하지 마라. 너 정도의 선수라면 남아돌 정도로 있으니까.

❹ ここまでは毎朝庭先を掃いていそうな、ごく普通の近所のお婆ちゃんだ。
여기까지는 매일 아침 뜰앞을 쓸고 있을 것 같은 극히 평범한 이웃집 할머니이다.

❺ 今日はお客さんが来るので、朝から玄関を掃いて水を蒔いたり、大変だった。
오늘은 손님이 와 아침부터 현관을 쓸고 물을 뿌리랴 힘들었다.

036 　剝ぐ/剝げる/剝がす

[剝ぐ]

意 　🇯🇵 ①表面の物を剝き取る，剝がす　②身に付けているものを無理に取り去る，剝ぎ取る　③官位・地位などを取り上げる

　🇰🇷 ①표면을 벗겨내다, 벗기다, 떼어내다　②옷을 벗기다, 알몸으로 하다　③지위 등을 빼앗다, 박탈하다

用 　剝ぐは'紙・皮・仮面・布団を剝ぐ(종이・가죽・가면・이불을 벗기다)', '塗装が剝がれる(도장이 벗겨지다)'처럼, 표면에 붙어 있는 것을 벗겨내거나 옷을 벗기거나 지위를 박탈하는 경우에 사용한다. 과일 껍질을 벗겨내는 경우는 '剝く'를 사용한다.

例

❶ 獣を捕らえると、肉は食べ、皮は剝いで衣類にした。
짐승을 잡으면 고기는 먹고 가죽은 벗겨 의류로 했다.

❷ 彼の病気は薄紙を剝ぐように日に日によくなっていった。
그의 병은 얇은 종이를 벗기듯이 나날이 좋아져 갔다.

❸ 役所の人が電柱に張ってあったビラを剝いで、きれいにして行った。
관청 사람이 전신주에 붙어 있던 전단지를 떼어 깨끗이 하고 갔다.

❹ 早く起きなさい、いつまでもぐすぐすしていると、布団を剝いでしまうよ。
빨리 일어나, 언제까지고 꾸물대고 있으면 이불을 걷어버린다.

❺ 男は村はずれの暗い夜道で追い剝ぎに遭い、身ぐるみ剝がれてしまった。
남자는 마을 변두리의 어두운 밤길에서 노상강도를 만나 몸에 지닌 전부를 빼앗겨 버렸다.

⑥ 役人は不正行為が明るみに出ると、当然のこと官位を剥がれることになった。

관리는 부정행위가 세상에 알려지자 당연히 관직을 박탈당하게 되었다.

[剥げる]

意 🇯🇵 ① 表面の物が取れて離れる、剥がれる　② 色が薄くなる、焦る

🇰🇷 ① 표면이 벗겨져 떨어지다, 벗겨지다　② 빛이 바래다

用 剥げる는 '口紅·壁画·塗装·皮膚が剥げる(입술연지·벽화·도장·피부가 벗겨지다)' 色が剥げる(색이 바래다)처럼, 표면의 것이 벗겨지거나 색이 바래는 경우에 사용한다.

例

① 髪は耳の下できちんと切りそろえているし、口紅も剥げてはいない。

머리는 귀밑에서 단정하게 잘라 모으고 입술연지도 벗겨져 있지는 않다.

② 鞘の色が剥げた長脇差を腰にして、風呂敷包みを胴に巻きつけている。

칼집 색이 바랜 긴 칼을 허리에 차고 보따리를 몸통에 둘러 감고 있다.

③ 右側の城壁にある壁画、その絵の山の部分に大きく剥げた箇所がある。

오른쪽 성벽에 있는 벽화, 그 그림의 산 부분에 크게 벗겨진 곳이 있다.

④ 正面のドアは分厚い木製だが、あちこちで塗装が剥げて反り返っている。

정면의 문은 두꺼운 목제지만 여기저기에서 도장이 벗겨지고 휘어져 있다.

⑤ 右手背は皮膚が灰白色にぺろりと剥げて、赤肌に黒い土が一面に付いていた。

오른쪽 손등은 피부가 회백색으로 훌러덩 벗겨져 빨간 살에 검은 흙이 온통 붙어 있었다.

[剥がす^は]

意 　日 表面の物が取れて離れるようにする，剥がれるようにする，剥ぐ

　　　韓 벗겨내다, 떼어내다

用　剥がすは '爪を剥がす(손톱이 벗겨지다)', '壁紙·ポスターを剥がす(벽지·포스타를 떼어내다)', '鱗を剥がす(비늘을 벗겨내다)' 처럼, 표면에 붙어 있는 것을 벗겨내거나 떼어내는 경우에 사용한다.

例

❶ 石に躓いて転んだ拍子に足の爪を剥がしてしまった。
　돌에 채어 넘어진 바람에 발톱이 벗겨지고 말았다.

❷ ピッタリくっついているセロテープの切り口を爪の先で剥がした。
　딱 달라붙어 있는 셀로테이프의 끝부분을 손톱 끝으로 벗겼다.

❸ 古い封筒から切手を剥がすのは、なかなか大変な作業だった。
　오래된 봉투에서 우표를 떼어내는 것은, 꽤 힘든 작업이었다.

❹ 家には大きな日めくりの暦があって、母が毎朝それを一枚ずつ剥がす。
　집에는 큰 일일달력이 있어서 어머니가 매일 아침 그것을 한 장씩 뗀다.

❺ 生徒会の選挙も終わったので、ぼくだちは候補者のポスターを剥がすのを手伝った。
　학생회 선거도 끝났기에, 우리는 후보자의 포스터 떼어내는 것을 도왔다.

❻ 入学した時の私の写真を自分で持っていたいので、母のアルバムからそっと剥がしてきた。
　입학 시의 내 사진을 자신이 가지고 있고 싶어 어머니 앨범에서 살짝 떼어왔다.

037 ≫≫≫ 育む(はぐく)　□□□□

意　⊕ ① 親鳥(おやどり)が雛(ひな)を羽(はね)で抱(だ)いて育(そだ)てる　② 大切(たいせつ)に守(まも)り育(そだ)てる　③ 大切(たいせつ)に守(まも)って発展(はってん)させる

　　　🇰🇷 ① 기르다, 키우다　② 육성하다, 발전시키다

用　育(はぐく)むは '生物(せいぶつ)·情熱(じょうねつ)を育(はぐく)む(생물·정열을 키우다)' '心(こころ)と体(からだ)を育(はぐく)む(몸과 마음을 기르다)', '芽(め)を育(はぐく)む(싹을 키우다)'처럼, 기르고 키우고 육성하는 경우에 사용한다.

例

❶ 周囲(しゅうい)の無関心(むかんしん)が子供(こども)の非行(ひこう)の芽(め)を育(はぐく)むこともある。
주위의 무관심이 아이들 비행의 싹을 키우는 일도 있다.

❷ この学校(がっこう)は伝統的(でんとうてき)に自由(じゆう)な空気(くうき)を育(はぐく)んできた。
이 학교는 전통적으로 자유로운 분위기를 장려해 왔다.

❸ 一筋(ひとすじ)に芸(げい)への情熱(じょうねつ)を育(はぐく)んできた功績(こうせき)が認(みと)められた。
외곬으로 예능을 향한 정열을 키워온 공적이 인정되었다.

❹ 母(はは)の手(て)一(ひと)つで育(はぐく)まれた彼(かれ)は心(こころ)の優(やさ)しい若者(わかもの)に育(そだ)った。
어머니의 손 하나로 자란 그는 마음씨 착한 젊은이로 자랐다.

❺ 日本(にほん)の子供(こども)たちは遊(あそ)びを通(つう)じて健(すこ)やかな心(こころ)と体(からだ)を育(はぐく)んできた。
일본의 아이들은 놀이를 통해서 건강한 마음과 몸을 길러왔다.

❻ 大地(だいち)と水(みず)と太陽(たいよう)の光(ひかり)、これらの自然(しぜん)が生物(せいぶつ)を育(はぐく)んでいるのだ。
대지와 물과 태양의 빛, 이들 자연이 생물을 키우고 있는 것이다.

038 >>> はぐらかす ☐☐☐☐

意 ⑪ ①逃れるか逸らすために話の焦点をずらす ②相手に気づかれないように離れ去る

⑭ ①얼버무리다 ②따돌리다, 슬쩍 빠져나오다

用 はぐらかすは '話をはぐらかす(이야기를 얼버무리다)'처럼, 초점을 흐려 얼버무리거나 몰래 따돌리는 경우에 사용한다.

例

❶ 兄は都合の悪いことを聞かれると、急に話をはぐらかした。
형은 입장이 안 좋은 일을 묻자 갑자기 이야기를 얼버무렸다.

❷ ぼくは見なれない場所に来たようなはぐらかされた気持ちがした。
나는 낯선 장소에 온 것 같은 따돌려진 기분이 들었다.

❸ 訳を訊いて笑いながらはぐらかされるのは夫の敗北のように見えた。
이유를 물어 웃으며 얼버무리는 것은 남편의 패배처럼 보였다.

❹ 何か気の利いたことを言ってはぐらかそうとしたが、言葉が出てこない。
무언가 재치 있는 말을 해서 얼버무리려 했지만, 말이 나오지 않는다.

❺ 彼はまだ完全には納得がいかず、どこかはぐらかされたような気がした。
그는 아직 완전히는 납득이 가지 않아 어딘가 속은 듯한 느낌이 들었다.

─039 〉〉〉 ぱくる □□□□

[意] 🈁 ①パクパクと食べる, 大きな口を開けて食べる ②人の物を掠め取る, 騙し取る ③逮捕する

🈁 ①덥석 먹다, 한입에 먹다 ②훔치다, 날치기하다, 도용하다 ③잡다, 검거하다, 체포하다

[用] ぱくる는 '餌をぱくる(먹이를 덥석 먹다)', 'おむすびをぱくる(주먹밥을 한입에 먹다)', 'カバンをぱくる(가방을 날치기하다)', 'アイデア·作品をぱくる(아이디어·작품을 도용하다)', '犯人·すりをぱくる(범인·소매치기를 잡다)', '現行犯·デモでぱくられる(현행범·데모으로 체포되다)', '手形をぱくられる(어음을 도둑맞다)'처럼, 입을 크게 벌리고 덥석 물어 먹거나, 타인의 것을 훔치거나 날치기하거나 도용하거나, 범인을 체포하는 경우에 사용한다. 'ぱくり(도용)'처럼 명사로도 사용한다.

[例]

❶ 池のあちこちで鯉が餌をぱくっている。
연못 여기저기서 잉어가 먹이를 덥석덥석 먹고 있다.

❷ これは私のアイデアをぱくったようなものだ。
이것은 나의 아이디어를 도용한 그런 것이다.

❸ 男は黙ってパクることに良心が咎めたのだろう。
남자는 말없이 훔치는 것에 양심의 가책을 느낀 것일 것이다.

❹ 一味に潜り込ませた部下のお蔭で連中を根こそぎパクることに成功した。
일당에게 잠복시킨 부하의 덕에 무리를 뿌리째 검거함에 성공했다.

❺ 他人のギャグを何のためらいもなくパクるシリーズは相変わらず健在である。
타인의 개그를 아무 주저함도 없이 도용하는 시리즈는 여전히 건재하다.

―040 >>> はぐれる ▢▢▢▢

[意] ⑩ ①同行者や仲間を見失って離ればなれになる　②…しそこなう，…しそびれる意を表す

⑪ ①일행과 떨어지다, 처지다, 놓치다　②기회를 놓치다.

[用] はぐれるは'友達とはぐれる(친구를 놓치다)'，'一行にはぐれる(일행을 놓치다)'，'親にはぐれる(보모를 잃다)'，'仕事・飯にはぐれる(일할 기회・끼니때를 놓치다)'처럼, 아이가 부모를 잃거나 일행과 뒤떨어지거나 낙오되는 경우, 또는 기회를 놓치는 경우 등에 사용한다. '乗りはぐれる(탈 것을 놓치다)'처럼 동사 연용형에 접속하여 행위를 놓치거나 실패하는 경우에 사용한다.

[例]

❶ 祭りの雑踏の中で友達とはぐれてしまった。
축제의 번잡함 속에서 친구와 떨어져 버렸다.

❷ こう景気が悪くては仕事にはぐれる人も出てくることだろう。
이렇게 경기가 나빠서는 일을 할 수 없는 사람도 나올 것이다.

❸ 子狐は親にはぐれたのか村はずれの小屋までついてきた。
새끼여우는 부모를 잃었는지 마을 외곽의 오두막까지 당도해 왔다.

❹ 朝から仕事に追われて、とうとう昼飯を食いはぐれてしまった。
아침부터 일에 쫓겨 결국 점심 먹는 것을 놓쳐 버렸다.

❺ 時々群れからはぐれた山猿が里に迷い込んで来ることがあるそうだ。
때때로 무리에서 떨어진 산 원숭이가 마을에 잘못 들어오는 일이 있다고 한다.

❻ 景色に見て取れキョロキョロしているうちに、一行にはぐれてしまった。
경치에 넋을 잃고 두리번거리고 있는 사이에 일행과 헤어져 버렸다.

041 >>>> 化ける/化かす 　□□□□

[化ける]

[意] 📗 ① 本来の姿・形を変えて別のものになる　② 化粧・変装などによって別人のように見せかける，装う　③ 役者・芸人などが違ったようにうまくなったり、株価などが大きく変動したりする

🇰🇷 ① 형태·모습를 바꾸다, 둔갑하다　② 변장하다, 가장하다　③ 연예인이 다른 사람처럼 바뀌다, 예기치 못한 대박이 터지다

[用] 化けるは '日本人・女・刑事に化ける(일본인·여자·형사로 변하다)'처럼, 둔갑하거나 변장하거나 변신하는 경우에 사용한다.

[例]

❶ どんな変装の名人だって白人が日本人に化けることは不可能だ。
어떤 변장의 명인이라도 백인이 일본인으로 둔갑하는 일은 불가능하다.

❷ そいつは、どんなものであれ、眼についたものに化けることができるんだ。
그 녀석은 어떤 것이든 눈에 띈 것으로 둔갑할 수 있다.

❸ さすが昔は女優であっただけに、どんな女にでも化ける手を知っていた。
정말 옛날에는 여배우였던 만큼 어떤 여자로라도 변신하는 방법을 알고 있었다.

❹ 警官に化けるのは大変だから、彼は私服の刑事に化けようと腹を決めた。
경관으로 둔갑하는 것은 힘들기 때문에, 그는 사복형사로 둔갑하려고 마음먹었다.

⑤ 今はまだ開花することはないだろうが、将来的には大きく化ける可能性がある。

지금은 아직 결과를 내는 일은 없겠지만, 미래에는 크게 대박 날 가능성이 있다.

[化かす]

意 🇯🇵 人の心を迷わせて正常な判断ができないようにする

🇰🇷 사람의 마음을 망설이게 하다, 속이다, 홀리다

用 化かす는 '人を化かす(사람을 홀리다)', '狐に化かされる(여우에 홀리다)'처럼, 사람을 홀리는 경우에 사용한다.

例

❶ ある者は化かされたことで病気になって寝込んでしまったほどだった。

어떤 사람은 홀린 일로 병이 나서 몸져누워버린 정도였다.

❷ 帽子を売っていた店が狸の巣で、お父さんが化かされていたんだ。

모자를 팔고 있던 가게가 너구리 굴이어서 아버지가 홀려있었다.

❸ 神社の森には人を化かす悪い狐がいるので、行かないほうがいい。

신사의 숲에는 사람을 홀리는 나쁜 여우가 있어 가지 않는 것이 좋다.

❹ 山の中でそんな不思議な目に遭ったのなら、それはきっと狸が化かしたんだ。

산속에서 그런 기이한 일을 겪은 것이라면 그것은 분명 너구리가 홀린 것이다.

❺ 狐に化かされてとんだ恥をかいた男は仕返しをしてやろうと物陰でじっと待っていた。

여우에게 속아서 엄청난 창피를 당한 남자는 복수를 해주겠다고 그늘에서 가만히 기다리고 있었다.

042 〉〉〉〉 **弾く** □□□□

【意】 ⑩ ①貯めた力を瞬間的に解放して物を打ったり飛ばしたりする　②撥ね返して寄せつけない　③指でそろばん珠を動かして計算する

⑪ ①튕기다, 튀기다　②밀어내다, 튕겨내다　③주판을 튕기다, 계산하다

【用】 弾くは '石を弾く(돌을 튕겨내다)', '水を弾く(물을 튀기다)', そろばんを弾く(주판을 튕기다)', 'ギター弾く(기타를 퉁기다)', '球を弾く(볼을 놓치다)'처럼, 물을 튀기거나 대상을 튕겨내거나 주판알을 튕기는 경우에 사용한다.

【例】

❶ 庭で鶏がせっせと小石を弾いて餌を探し出している。
정원에서 닭이 부지런히 작은 돌을 튕기면서 먹이를 찾아내고 있다.

❷ 雨の日のレインコートは水を弾いてキラキラ輝いている。
비 오는 날의 레인코트는 물을 튕겨내며 반짝반짝 빛나고 있다.

❸ ギターのように指で弾いて音を出す楽器を撥弦楽器と言う。
기타처럼 손으로 퉁겨 음을 내는 악기를 발현악기라고 한다.

❹ 野手が球を弾いたり暴投したりしても格別に叱るようなことはない。
야수가 공을 놓치거나 폭투하거나 해도 특별히 꾸짖는 그런 일은 없다.

❺ これだけ客が入っても元がかかっているから、そろばんを弾くと収支トントンだ。
이만큼 손님이 들어도 밑천이 들어갔기 때문에 주판을 튕기면 수지는 제로다.

---

043 〉〉〉 **端折る**

<ruby>端折<rt>はしょ</rt></ruby>る

□□□□

[意]　🇯🇵 ①<ruby>着物<rt>きもの</rt></ruby>の<ruby>裾<rt>すそ</rt></ruby>を<ruby>持<rt>も</rt></ruby>ち<ruby>上<rt>あ</rt></ruby>げて<ruby>帯<rt>おび</rt></ruby>に<ruby>挟<rt>はさ</rt></ruby>む　②<ruby>前後<rt>ぜんご</rt></ruby>の<ruby>部分<rt>ぶぶん</rt></ruby>を<ruby>省<rt>はぶ</rt></ruby>いたりして<ruby>簡単<rt>かんたん</rt></ruby>にする

　　　🇰🇷 ① 옷소매를 접어 올려 허리띠에 끼우다　② 짧게 줄이다, 생략하다

[用]　端折る는 '<ruby>裾<rt>すそ</rt></ruby>を<ruby>端折<rt>はしょ</rt></ruby>る(소매를 접어 넣다)', '<ruby>話<rt>はなし</rt></ruby>を<ruby>端折<rt>はしょ</rt></ruby>る(이야기를 줄이다)'처럼, 옷을 접어 넣거나, 이야기 등을 줄이거나 생략하는 경우에 사용한다.

[例]

❶ <ruby>男<rt>おとこ</rt></ruby>たちは<ruby>誰<rt>だれ</rt></ruby>も<ruby>黒<rt>くろ</rt></ruby>っぽい<ruby>着物<rt>きもの</rt></ruby>の<ruby>裾<rt>すそ</rt></ruby>を<ruby>端折<rt>はしょ</rt></ruby>り、<ruby>覆面<rt>ふくめん</rt></ruby>をしていた。
남자들은 모두 거무스름한 옷 소매를 걷어 올리고 복면을 하고 있었다.

❷ <ruby>彼<rt>かれ</rt></ruby>は<ruby>着物<rt>きもの</rt></ruby>を<ruby>短<rt>みじか</rt></ruby>く<ruby>端折<rt>はしょ</rt></ruby>って<ruby>膝<rt>ひざ</rt></ruby>から<ruby>下<rt>した</rt></ruby>を<ruby>剥<rt>む</rt></ruby>き<ruby>出<rt>だ</rt></ruby>しに<ruby>日<rt>ひ</rt></ruby>に<ruby>曝<rt>さら</rt></ruby>していた。
그는 옷을 짧게 접어 올려 무릎부터 아래를 드러내고 햇볕에 쬐고 있었다.

❸ <ruby>慌<rt>あわ</rt></ruby>てて<ruby>話<rt>はなし</rt></ruby>を<ruby>端折<rt>はしょ</rt></ruby>るほどではないが、すべてを<ruby>電話<rt>でんわ</rt></ruby>で<ruby>話<rt>はな</rt></ruby>せる<ruby>時間<rt>じかん</rt></ruby>はない。
서둘러 이야기를 줄일 정도는 아니지만, 전부를 전화로 말할 수 있는 시간은 없다.

❹ その<ruby>講師<rt>こうし</rt></ruby>はそれを<ruby>見<rt>み</rt></ruby>ると、<ruby>急<rt>きゅう</rt></ruby>に<ruby>話<rt>はなし</rt></ruby>をいい<ruby>加減<rt>かげん</rt></ruby>に<ruby>端折<rt>はしょ</rt></ruby>って<ruby>講壇<rt>こうだん</rt></ruby>から<ruby>下<rt>お</rt></ruby>りた。
그 강사는 그것을 보자 갑자기 이야기를 적당히 줄이고 강단에서 내려왔다.

❺ テレビ<ruby>放送<rt>ほうそう</rt></ruby>に<ruby>合<rt>あ</rt></ruby>わせて<ruby>連載<rt>れんさい</rt></ruby>が<ruby>終了<rt>しゅうりょう</rt></ruby>したため、<ruby>終盤<rt>しゅうばん</rt></ruby>はストーリーが<ruby>端折<rt>はしょ</rt></ruby>られている。
TV 방송에 맞춰 연재가 종료됐기 때문에, 종반은 스토리가 줄어 있다.

044 〉〉〉 弾む (はず) ☐☐☐☐

意 ⊕ (自) ① 弾力のある物が他の物に当たって勢いよく撥ね返る ② 調子に乗って勢いづく, 気持ちがうきうきと活気づく ③ 呼吸が激しくなる (他) ④ 気前よく多額の金を与える

㉔ ① 튀어 오르다, 반발하다 ② 기세가 오르다, 기분이 들떠 활기차다 ③ 숨이 거칠어지다 ④ 호기 좋게 거금을 내다

用 弾むは '体が弾む(몸이 튀어오르다)', '話が弾む(이야기가 활기를 띠다)', '弾んだ声(우렁찬 목소리)', '心が弾む(마음이 들뜨다)', '息を弾ませる(숨을 거칠게 내쉬다)', 'チップを弾む(팁을 주다)'처럼, 반동하여 튀어 오르거나 기분이 들뜨거나 호흡이 거칠어지거나 팁을 주는 경우에 사용한다.

例

❶ 選手の体がゴム毬のように空中に弾む。
선수의 몸이 고무공처럼 공중으로 튄다.

❷ 彼はホテルのボーイに気前よくチップを弾んだ。
그는 호텔 보이에게 호기 있게 팁을 주었다.

❸ 先生と社長とは同級生の間柄なので、話が弾む。
선생님과 사장님은 동급생 사이여서 이야기가 활기를 띤다.

❹ 毎朝彼は元気な弾んだ声で「おはよう」と声を上げた。
매일 아침 그는 건강한 우렁찬 목소리로 '안녕'하고 소리를 냈다.

❺ 初めての海外旅行で不安もあったが、私の心は大きく弾んでいた。
처음인 해외여행으로 불안도 있었지만, 나의 마음은 크게 부풀어 있었다.

045 >>> 馳せる (は)

意 ㊐ (自) ①駆ける，速く走る　(他) ②速く走らせる　③気持ちなどを遠くまで至らせる　④名前などを広く行き渡らせる，轟かす

　㊐ ①달리다　②달리게 하다　③마음을 닿게 하다　④널리 세간에 알리다

用 馳せる는 '故郷に思いを馳せる(고향 생각을 하다)', '車を馳せて急ぐ(차를 몰아 급히 가다)', '名を馳せる(이름을 날리다)', '視線を馳せる(시선을 보내다)'처럼, 달리거나 명성을 떨치거나 마음 등을 보내는 경우에 사용한다.

例

❶ 彼は流れのように移動する人々の顔に素早い視線を馳せていた。
그는 물결처럼 이동하는 사람들의 얼굴에 재빠른 시선을 보내고 있었다.

❷ 後に残す娘や息子や嫁や孫のことに思いを馳せる余裕はなかった。
뒤에 남기는 딸이나 아들이나 며느리나 손자 일로 생각할 여유는 없었다.

❸ そんな彼が伝説として語られるようになってから、名を馳せる事になる。
그런 그가 전설로 이야기되게 되고 나서 이름을 알리게 된다.

❹ 小学校の頃から落語に興味を持ち、後にアマチュア落語で名を馳せる。
초등학교 때부터 라꾸고에 흥미를 가져 후에 아마추어 라꾸고로 이름을 알린다.

❺ この地域は工業化が加速化されて、ひどい大気汚染地域として悪名を馳せた。
이 지역은 공업화가 가속화되면서 심한 대기 오염 지역으로 악명을 떨쳤다.

046 >>> ばたつく

□□□□

[意] 🈁 ①ばたばた音を立てる　②物事が落ち着かない状態になる

🇰🇷 ① 펄럭이다, 덜걱거리다　② 허둥대다, 발버둥치다

[用] ばたつくは '羽がばたつく(날개가 퍼덕거리다)', '旗がばたつく(깃발이 펄럭이다)', '手足・体がばたつく(손발・몸이 바둥대다)'처럼, 물체가 펄럭이거나 덜컥거리거나, 상황에 허둥대거나 바둥대는 경우에 사용한다.

[例]

❶ 突然、口を押えられた彼は苦しそうに手足をばたつかせた。
갑자기 입을 막힌 그는 괴로운 듯이 손발을 버둥거렸다.

❷ 釣りあげられた魚は岩の上でしばらく体をばたつかせていた。
낚아 올려진 물고기는 바위 위에서 잠깐 몸을 펄떡거리고 있었다.

❸ のんびり構えていて直前になって、ばたつくのは君の悪い癖だ。
느긋한 자세로 있다가 직전이 돼서 허둥대는 것은 너의 나쁜 버릇이다.

❹ 屋根の上に止まっていた烏は二、三度羽をばたつかせてから飛び去った。
지붕 위에 머물러있던 까마귀는 2, 3번 날개를 퍼덕거리고 나서 날아갔다.

❺ 栄養源のピザを断たれてご立腹なのか、テーブル下の足がばたついている。
영양원인 피자를 끊겨서 화를 내시는지 테이블 밑의 발이 버둥거리고 있다.

047 >>> 放つ ^{はな} □□□□

意 🇯🇵 ①捕らえてあった動物などを自由にする，放す　②矢・弾丸などを打ち出す，発射する　③外に向かって光・匂・声・言葉などを出す，発する　④ある任務を帯びた人を送り出す　⑤火をつける，放火する　⑥勢いよく…する，すっかり…する

🇰🇷 ① 잡았던 것을 놓다　② 쏘다, 발사하다　③ 소리·빛 등을 발하다　④ 사람을 보내다　⑤ 불을 붙이다, 방화하다　⑥ 기세 좋게 …하다

用 放つ는 '犬を放つ(개를 풀어놓다)', '魚を放つ(물고기를 놓아주다)', '矢を放つ(활을 쏘다)', 'スパイを放つ(스파이를 보내다)', '香りを放つ(향기를 발하다)'처럼, 동물을 풀어놓거나, 손에서 놓거나, 빛이나 색채 등을 발하거나 불을 놓는 경우에 사용한다.

例

❶ 獲物の姿を見ると、猟師たちは一斉に犬を放った。
먹잇감의 모습을 보자, 사냥꾼들은 일제히 개를 풀어놓았다.

❷ 各国の放ったスパイたちが情報を巡って凌ぎを削っている。
각국의 풀어놓은 스파이들이 정보를 둘러싸고 격전을 벌이고 있다.

❸ 釣好きの彼は釣った魚をいつも川に放って自由にしてやっている。
낚시 취미인 그는 잡은 물고기를 언제나 강에 놓아주며 자유롭게 해주고 있다.

❹ 弓道は的を目掛けて矢を放つまでの緊張感が大切なのだと言う。
궁도는 표적을 향해 활을 놓을 때까지의 긴장감이 중요하다고 한다.

❺ 彼の詩は青春の慕情と感傷とが解け合って高い香りを放っている。
그의 시는 청춘의 모정과 감상이 용해되어 높은 향기를 발하고 있다.

048 〉〉〉〉 はにかむ □□□□

意 ⓐ 恥ずかしがる，恥ずかしそうな素振りや表情をする

ⓗ 부끄러워하다, 수줍어하다

用 はにかむ는 '少女·子供がはにかむ(소녀·아이가 수줍어하다)', 'はにかんだ顔·表情(수줍은 얼굴·표정)', 'はにかむように笑う(수줍은 듯이 웃다)'처럼, 부끄러워하거나 수줍어하는 경우에 사용한다.

例

❶ 目がきれいだと言われて、少女ははにかんで俯いた。
눈이 예쁘다는 소리를 듣고 소녀는 수줍어하며 고개를 숙였다.

❷ 何を言っても女の子ははにかんで、一言も口を利かなかった。
무엇을 말해도 여자아이는 부끄러워해서 한마디도 말하지 않았다.

❸ 彼女はビールのグラス越しにはにかんだような表情を見せて言った。
그녀는 맥주잔 너머로 수줍은 듯한 표정을 보이고 말했다.

❹ それからある顔を認めると頭をこくりと下げ、はにかんだように笑った。
그리고 어떤 얼굴을 알아차리자 머리를 꾸벅 숙여 부끄러운 듯이 웃었다.

❺ 私が子供に声をかけたが、その子ははにかんで父親の背にしがみついた。
내가 아이에게 말을 걸었지만, 그 애는 수줍어하며 아버지 등에 달라붙었다.

049　憚る はばか

意　日 (他) ① 差し障りがあるとして慎む，遠慮する　(自) ② 幅を利かせる，のさばる

　　韓 ① 꺼리다, 멀리하다, 사양하다　② 위세를 부리다, 활개치다

用　憚るは‘人・人目を憚る(사람·남의 눈을 꺼리다)’, ‘辺りを憚る(주위를 거리끼다)’, ‘世間体を憚る(체면을 중시하다)’, ‘公表を憚る(공표를 꺼리다)’처럼, 꺼리거나 사양하거나 삼가는 경우에 사용한다.

例

❶ 彼女は辺りを憚るように小声でそっと耳打ちをした。
　　그녀는 주변을 꺼리듯이 작은 소리로 살짝 귓속말을 했다.

❷ 世間体を憚る母は弟の家出を近所にも内緒にしていた。
　　체면을 중시하는 어머니는 남동생의 가출을 근처에도 비밀로 하고 있었다.

❸ 邸内にはテレビを見ることも憚るような険しい緊迫が張り詰めていた。
　　저택 내에는 TV를 보는 것도 삼갈 그런 험악한 긴박함이 덮여 있었다.

❹ 二十歳になれば自分の責任を前提として、だれ憚ることなく自由に行動できる。
　　20살이 되면 자신의 책임을 전제로 누구 꺼릴 것 없이 자유롭게 행동할 수 있다.

❺ 無罪にはなったというものの、やはり当分は世間へ出ることは憚るべき身である。
　　무죄는 되었다고 하지만, 역시 당분간은 세상에 나가는 일은 삼가야 할 몸이다.

050 〉〉〉〉 阻む（はばむ）　□□□□

意　⑥ 進路や発展を押し止める，阻止する，妨げる

　　　⑥ 막다, 방해하다, 저지하다,

用　阻む는 '連勝·近代化を阻む(연승·근대화를 저지하다)', '前進·行く手を阻む(전진·앞길을 막다)', '攻撃を阻む(공격을 방해하다)'처럼, 앞길을 막거나 저지하거나 방해하는 경우에 사용한다.

例

❶ 極端な貧富の差と古い仕来たりがこの国の近代化を阻んでいる。
극단적인 빈부 차와 오래된 관습이 이 나라의 근대화를 방해하고 있다.

❷ 見通しのよい一面の草原なので、攻撃を阻むものは何もなかった。
잘 트인 전체가 초원이어서 공격을 방해할 것은 아무것도 없었다.

❸ 探検隊の前には切り立った崖が立ちはだかり、その前進を阻んだ。
탐험대의 앞에는 깎아지른 낭떠러지가 가로막고 서 그 전진을 막았다.

❹ 最強を誇るA中の連勝を阻むチームがあるとすれば、それはうちだ。
최강을 자랑하는 A중의 연승을 저지하는 팀이 있다고 하면 그것은 우리이다.

❺ 一行が寂しい山道に差し掛かると、突如怪しい男どもが現れ、行く手を阻んだ。
일행이 삭막한 산길로 접어들자 갑자기 수상한 남자들이 나타나 앞길을 막았다.

051 蔓延る（はびこる）

［意］ 🈁 ① 草木（くさき）が伸（の）びて広（ひろ）がる　② 好（この）ましくないものが勢（いきお）いを得（え）て広（ひろ）がる，蔓延（まんえん）する

🇰🇷 ① 무성하게 자라다　② 만연하다, 들끓다

［用］ 蔓延（はびこ）るは‘雑草（ざっそう）が蔓延（はびこ）る(잡초가 무성하다)’, ‘虫（むし）が蔓延（はびこ）る(벌레가 들끓다)’, ‘暴走族（ぼうそうぞく）が蔓延（はびこ）る(폭주족이 만연하다)’, ‘悪（あく）・迷信（めいしん）が蔓延（はびこ）る(악·미신이 퍼지다)’처럼, 풀이 무성하게 자라거나 악이 만연하거나 들끓는 경우에 사용한다.

［例］

❶ 静（しず）かな住宅街（じゅうたくがい）に近（ちか）ごろ暴走族（ぼうそうぞく）が蔓延（はびこ）るようになった。
조용한 주택가에 최근 폭주족이 들끓게 되었다.

❷ 悪（あく）の蔓延（はびこ）る西部（せいぶ）の町（まち）へ一人（ひとり）の保安官（ほあんかん）が乗（の）り込（こ）んできた。
악이 만연한 서부 마을로 한 명의 보안관이 들어왔다.

❸ 未開（みかい）のこの土地（とち）では、いまだに古（ふる）い迷信（めいしん）が根強（ねづよ）く蔓延（はびこ）っている。
미개척의 이 땅에서는 여태껏 오랜 미신이 뿌리 깊게 퍼져 있다.

❹ 作物（さくもつ）を食（く）い荒（あ）らす悪（わる）い虫（むし）が蔓延（はびこ）って畑（はたけ）をすっかりだめにしてしまった。
작물을 먹어 치우는 나쁜 벌레가 들끓어 밭을 아주 못 쓰게 해 버렸다.

❺ 長（なが）い間（あいだ）家（いえ）を留守（るす）にしていたので、庭一面（にわいちめん）に雑草（ざっそう）が蔓延（はびこ）ってしまった。
오랫동안 집을 비웠기 때문에 정원 전체에 잡초가 무성하게 자라버렸다.

052 >>> 省く _{はぶ}

意 圓 ① 必要がないものとして取り除く，省略する，略す，端折る　②時間・労力・費用などを切り詰める，少なくする，減らす

韓 ① 제하다, 생략하다　② 절약하다, 줄이다

用 省くは '経過・言葉を省く(경과・말을 생략하다)', '時間・労力・手間・無駄を省く(시간・노력・수고・낭비를 줄이다)'처럼, 무언가를 생략하거나 절약하여 줄이는 경우에 사용한다.

例

❶ 労働の機械化は多くの時間と労力を省いてくれた。
노동의 기계화는 많은 시간과 노력을 줄여주었다.

❷ 財政を立て直すためには、まず経費の無駄を省くことだ。
재정을 재건하기 위해서는 우선 경비 낭비를 줄이는 것이다.

❸ 時間の関係で途中の経過を省いて試合の結果だけを伝える。
시간 관계로 도중의 경과를 생략하고 시합의 결과만을 전하겠다.

❹ 家事の手間を省くため、買い物は週一回に纏めてするようにしている。
집안일의 수고를 덜기 위해 쇼핑은 주 1회에 모아서 하도록 하고 있다.

❺ 日本語は主語や修飾語になる言葉が省かれても述語で意味が分かる。
일본어는 주어나 수식어가 되는 단어가 생략되어도 술어로 의미를 알 수 있다.

― 053 ⟫⟫⟫ 嵌める/嵌まる ▫▫▫▫

意

㊙ ①穴や枠などにぴたりと収める　②ある条件・制限・範囲内に収め入れる　③計略にかける，陥れる，引っ掛ける

㊩ ① 채우다, 끼워 넣다　② 맞춰 넣다　③ 계략에 빠뜨리다, 걸다

用

嵌める는 '漢字に嵌める(한자로 채우다)', '指輪・時計を嵌める(반지·시계를 차다)', '手袋を嵌める(장갑을 끼다)', 'ガラスを嵌める(유리를 끼우다)', '人間を嵌める(인간을 계략에 빠트리다)'처럼, 무언가를 채우거나 끼우거나 맞춰 넣거나 계략에 빠트리는 경우에 사용한다.

例

[嵌める]

❶ 水道の口に嵌めたゴム管から水がちょろちょろとその中に落ちている。
수도꼭지에 채운 고무관에서 물이 졸졸 그 안에 떨어지고 있다.

❷ 若い女性の文章だが、その言葉をハッキリ漢字に嵌めて書いていた。
젊은 여성의 문장인데 그 단어를 확실히 한자로 채워 쓰고 있다.

❸ 家の中に明りが点るのを小さな曇ガラスの嵌められた窓から確認した。
집 안에 불이 들어오는 것을 작은 간유리가 끼워진 창에서 확인했다.

❹ 髪も見事だけど、宝石屋だけあってさすがに高そうな指輪を嵌めている。
머리도 멋지지만, 역시 보석상답게 정말이지 비싼 듯한 반지를 차고 있다.

❺ 駅はモザイク床にステンドグラスを嵌めた窓など豪奢な作りとなっていた。
역은 모자이크 바닥에 스테인드글라스를 끼운 창 등 호사롭게 제작되어 있다.

⑥ 玄関で靴を探し、最後に手袋を嵌めた時、サイレンが警戒警報を放った。

현관에서 구두를 찾고 마지막에 장갑을 꼈을 때 사이렌이 경계경보를 발했다.

⑦ その子は玄関で何やら履きにくそうな靴を足に嵌めるのに苦心している様子だ。

그 애는 현관에서 왠지 신기 어려운 듯한 신을 신는데, 고심하고 있는 모습이다.

⑧ 君のように利用価値の低い人間を嵌めたところで僕に何の得があると言うのだ。

너처럼 이용 가치가 낮은 인간을 속인들 나에게 어떤 득이 있다는 것이냐.

[嵌まる]

意 🔠 ① 物が穴や枠などにぴたりと収まる ② 深くなった所に落ち込む ③ 計略にかかる, 陥る, 引っ掛かる ④ 条件・枠などにちょうど合う

🔠 ① 꼭 맞다, 채워지다 ② 떨어지다, 빠지다 ③ 빠지다, 걸리다 ④ 꼭 맞다, 들어맞다

用 嵌まるは '戸・キャップが嵌まらない(문・뚜껑이 맞지 않다)', '型に嵌まる(틀에 박히다)', '役に嵌まる(역할에 들어맞다)', '池・泥沼に嵌まる(연못・진흙탕에 빠지다)', '罠・術中に嵌まる(함정・술책에 걸리다/빠지다)'처럼, 물체가 잘 들어맞거나, 안 좋은 것에 빠지거나 걸려드는 경우에 사용한다.

例

❶ 家が古くなって歪んできたのか、戸がよく嵌まらない。

집이 오래되어 뒤틀렸는지 문이 잘 맞지 않는다.

❷ 元来自由人である彼は型に嵌まった生き方を嫌っていた。

원래 자유인인 그는 틀에 박힌 생활 방식을 싫어하고 있었다.

❸ ハムレットの役にもっともよく嵌まるのは日本では彼をおいてない。

햄릿 역에 가장 잘 맞는 것은 일본에서는 그를 빼고 없다.

❹ 今朝は手が悴んでしまって、歯磨きのキャップさえもうまく嵌まらない。

오늘 아침은 손이 곱아 치약 뚜껑조차도 잘 맞지 않는다.

❺ 池に嵌まると危ないと言って、祖母は子供のぼくを庭に出してくれ

なかった。

연못에 빠지면 위험하다 하여 할머니는 아이인 나를 뜰에 내보내 주지 않았다.

❻ 借金地獄の泥沼に嵌まらないうちに、何とか経営を立て直さなけれ

ばならない。

빚 지옥의 수렁에 빠지기 전에 어떻게든 경영을 재건해야 한다.

❼ 私は術中に嵌まって秘密資金を受け取ったという罠にかかり、刑務

所に行った。

나는 술책에 빠져 비밀 자금을 받았다는 함정에 걸려 형무소에 갔다.

054 >>>> 逸る^{はや}

□□□□

意

⨁ ①心_{こころ}が焦_{あせ}る，心_{こころ}が奮_{ふる}い立_たつ，勇_{いさ}み立_たつ

㊦ ① 조급해하다, 서두르다　② 기를 쓰다, 날뛰다　③ 마음이 설레다

用

逸_{はや}る는 '決行_{けっこう}を逸_{はや}る(결행을 서두르다)', '馬_{うま}が逸_{はや}る(말이 날뛰다)', '心_{こころ}が逸_{はや}る(마음이 급하다/설레다)'처럼, 마음이나 생각 등이 급하거나 행동을 서두르는 경우에 사용한다.

例

❶ 彼_{かれ}は逸_{はや}る心_{こころ}を押_{おさ}えながら、相手_{あいて}が再_{ふたた}び籠_{かご}に乗_のるのを待_まった。
그는 급한 마음을 누르면서 상대가 재차 가마에 타는 것을 기다렸다.

❷ 徒_{いたずら}に自分_{じぶん}を誇示_{こじ}しようと逸_{はや}って、またしても、やりすぎてしまったのだ。
쓸데없이 자신을 과시하려고 서둘러 또다시 과해 버렸다.

❸ 興奮_{こうふん}は刻々_{こくこく}に高_{たか}まったが、それ以上_{いじょう}に彼_{かれ}らは好奇心_{こうきしん}に逸_{はや}っていた。
흥분은 시시각각 높아졌지만, 그 이상으로 그들은 호기심에 설레고 있었다.

❹ 彼_{かれ}には独創_{どくそう}に逸_{はや}る若_{わか}い芸術家_{げいじゅつか}にままある剛腹_{ごうふく}の振_ふる舞_まいが多_{おお}くなった。
그에게는 독창성을 서두르는 젊은 예술가에 종종 있는 괴팍한 행동이 많아졌다.

❺ 逸_{はや}る気持_{きも}ちを鎮_{しず}めつつ、彼_{かれ}は立_たち上_あがって慎重_{しんちょう}に魔法瓶_{まほうびん}の蓋_{ふた}を開_あけた。
급한 마음을 진정시키며 그는 일어나 신중하게 보온병을 뚜껑을 열었다.

055 >>> 孕む

意　㊐ (他)①子を宿す，身籠る，妊娠する　②内部に含み持つ　③風を受けて膨らむ
(自)④穂が出ようとして茎が膨らむ

㊊①아이를 배다, 임신하다, 잉태하다　②내포하다, 품다, 안다　③바람을 받아 부풀다
④알배다, 이삭이 패다

用　孕むと '子を孕む(애를 배다)', '種子を孕む(종자를 품다)', '問題·危険·矛盾を孕
む(문제·위험·모순을 내포하다)', '風を孕む(바람을 받아 부풀다)'처럼, 아이나 새끼
를 배거나 문제 등을 내포하거나 안고 있는 경우에 사용한다.

例

❶ かわいそうに行き倒れになった女は子を孕んでいたそうだ。
　가엽게도 길가에 쓰러진 여자는 아이를 배고 있었다고 한다.

❷ 船は順風を帆に孕ませて、ぐんぐんと海原を進んで行った。
　배는 순풍을 돛에 받아 안고 쭉쭉 넓은 바다를 나아갔다.

❸ 食料危機のアフリカは、他にもいろいろと難しい問題を孕んでいる。
　식료품 위기의 아프리카는 그 밖에도 여러 가지로 어려운 문제를 품고 있다.

❹ 少年たちにとっては外国は未知の夢をいっぱいに孕んだ美しい
　惑星である。
　소년들에게는 외국은 미지의 꿈을 가득 품은 아름다운 혹성이다.

❺ 逆に北部は過疎地域が増加する傾向にあるため、衰退の可能性も
　孕んでいる。
　역으로 북부는 과소지역이 증가하는 경향에 있어 쇠퇴 가능성도 안고 있다.

056 >>> 腫れる

□□□□

[意] ⓐ 病気、炎症などで体の一部が膨れ上がる

ⓗ 몸이 부어오르다

[用] 腫れる는 '顔・手・足・喉が腫れる(얼굴·손·발·목이 붓다)'처럼, 병이나 염증 등으로 몸이 붓거나 부어오르는 경우에 사용한다.

[例]

❶ 扁桃腺が腫れて痛くてたまらない。
편도선이 부어서 아파서 참을 수 없다.

❷ 腎臓の悪い母は手や顔が腫れたように浮腫んで見える。
신장이 좋지 않은 어머니는 손이나 얼굴이 부은 것처럼 떠 보인다.

❸ 体育の時間、突き指をしたところが今になって青黒く腫れてきた。
체육 시간에 손가락을 부딪친 곳이 이제야 검푸르게 부어올라 왔다.

❹ 肌の薄いところではヒリヒリとした痛みも見られ、腫れる場合がある。
피부의 얇은 곳에서는 따끔따끔한 통증도 보이고 붓는 경우가 있다.

❺ 主な症状は発熱、喉が腫れる咽頭炎、目が充血する結膜炎などである。
주된 증상은 발열, 목이 붓는 인후염, 눈이 충혈되는 결막염 등이다.

057 秀でる

意 🇯🇵 他よりも一段と優れる

🇰🇷 빼어나다, 뛰어나다, 수려하다

用 秀でるは '스포츠·芸術·語学に秀でる(스포츠·예술·어학에 뛰어나다)', '衆に秀でる(출중하다/발군하다)', '眉·額が秀でる(눈썹·이마가 수려하다)'처럼, 재주가 뛰어나거나 이목구비 등이 수려한 경우에 사용한다. 비슷한 어로 '抜きん出る'가 있다.

例

① 大学で学んでいる時には数学と法学とに秀でた才能を示した。
대학에서 배우고 있을 때는 수학과 법학에 뛰어난 재능을 보였다.

② 彼はあらゆる種類の詩に秀で、その作品数も10万句に達したと言われる。
그는 모든 종류의 시에 빼어나 그 작품수도 10만구에 달했다고 전해진다.

③ 騎士のような顔付きをしており、秀でた額の下には清浄な青い目があった。
기사와 같은 얼굴을 하고 있고 수려한 이마 밑에는 깨끗한 푸른 눈이 있었다.

④ 子供の頃からスポーツに秀で、特に陸上競技にその才能を発揮していた。
어릴 때부터 스포츠에 뛰어나 특히 육상경기에 그 재능을 발휘했었다.

⑤ 入浴した時の覇気は消え、秀でた額に苦悩が色濃く影を落している。
입욕 시의 패기는 사라지고 수려한 이마에 고뇌가 짙게 그림자를 드리우고 있다.

058 》》》 ひけらかす □□□□

意 ⑪ 得意そうに見せびらかす

　　 ㉿ 과시하다

用 ひけらかすは '指輪・才能・知識・腕をひけらかす(반지・재능・지식・솜씨를 과시하다)' 처럼, 자랑하여 내보이거나 과시하는 경우에 사용한다.

例

❶ 控え目な彼女には自分の才能をひけらかすようなところが少しもない。
겸손한 그녀에게는 자신의 재능을 과시하려는 구석이 조금도 없다.

❷ 昔気質のその職人は自分の腕をひけらかすようなことは絶対にしない。
옛 기풍의 그 장인은 자기 솜씨를 과시하는 그런 일은 절대 하지 않는다.

❸ 生半可な知識をひけらかしていると、みんなから軽い人間だと思われる。
어설픈 지식을 과시하면 모두에게 가벼운 사람이라고 여겨진다.

❹ 弟は買ってもらったおもちゃを近所の子供たちに自慢げにひけらかしている。
동생은 선물 받은 장난감을 동네 아이들에게 자랑하듯 과시하고 있다.

❺ 彼女が指に嵌めたダイヤの指輪をひけらかそうとしているのが、ぼくにはすぐにわかった。
그녀가 손에 낀 다이아 반지를 과시하려고 하는 것을 나는 금방 알아차렸다.

─ 059 〉〉〉 犇めく

意 🔵 大勢の人が一か所に集まって互いに押し合うようにする

🔴 북적거리다, 꽉 들어차다

用 犇めくは'群衆・観客がひしめく(군중·관객이 북적거리다)', '家がひしめく(집이 들어차다)'처럼, 사람이 모여 북적대거나 집 등이 꽉 들어차는 경우에 사용한다.

例

❶ 広場に犇めく群衆の数はすでに三百人を超えている。
광장에 북적거리는 군중의 수는 이미 삼백 명을 넘고 있다.

❷ この狭い一角に七十軒以上の家が軒を並べて犇めいている。
이 좁은 모퉁이에 70채 이상의 집이 처마를 맞대고 들어차 있다.

❸ 一体どこから湧いてきたのかと思うほど多くの客が犇めいていた。
도대체 어디서 솟아 나온 것인지 싶을 정도로 많은 손님이 북적이고 있었다.

❹ 昨日までとはうってかわって、会場にはたくさんの観客が犇めいていた。
어제까지와는 돌변하여 회장에는 많은 관객이 북적거리고 있었다.

❺ 最終的に勝ち点3点差に4チームが犇めく稀に見る激戦の予選となった。
최종적으로 승점 3점 차로 4팀이 모여 싸우는 매우 드문 격전의 예선이 되었다.

060 >>> 歪む　　　　□□□□

意 ⒜ ① 歪んだ形になる, 歪になる　② 音などにずれが生じて聞き苦しくなる

　ⓚ ① 비뚤어지다, 뒤틀리다, 찌그러지다　② 소리가 잘 안 들리다

用 歪むと '脚が歪む(발이 뒤틀리다)', '板が歪む(판자가 뒤틀어지다)', '表情が歪む
(표정이 일그러지다)'처럼, 물체가 뒤틀리거나 찌그러지거나, 표정이 일그러지는 경
우에 사용한다. 명사형 '歪み(왜곡)'가 많이 사용된다. 비슷한 단어로 '歪む'가 있다.

例

❶ 窓から出していた彼の顔は恐ろしい苦痛に歪んでいた。
창문에서 내놓고 있던 그의 얼굴은 무서운 고통에 일그러져 있었다.

❷ 子供の視点から描かれた世界は全てのものが大きく歪んで見える。
아이의 시점에서 그려진 세계는 모든 것이 크게 일그러져 보인다.

❸ 窓から出る光が外の灰色の壁に明るい歪んだ四角形を映している。
창문에서 나오는 빛이 밖의 회색 벽에 밝고 틀어진 사각형을 비추고 있다.

❹ ブリッジは横に長い菱形に歪んだ長方形で広さは二十畳弱である。
다리는 가로로 긴 마름모꼴로 틀어진 직사각형으로 넓이는 타따미 20장 좀 못 된다.

❺ その月は涙で歪むこともなく、最初から最後までくっきり私の目に
映っていた。
그 달은 눈물로 일그러지지도 않고 처음부터 끝까지 또렷이 내 눈에 비치고 있었다.

❻ 情報を審査せず過信して利用すればそれに基づいた全ての判断
が歪んでしまう。
정보를 심사하지 않고 과신하여 이용하면 그에 근거한 모든 비판이 왜곡되고 만다.

061 >>> 潜む/潜める　□□□□

意　⊕ ①人に見つからないように隠れる　②内部に隠されて外に現れないでいる, 潜在する

　　⊕ ①숨다　②잠재하다

用　潜むは '犯罪が潜む(범죄가 숨다)', '草むら·底·裏に潜む(풀숲·바닥·뒤에 숨다)', '陰に潜む(그늘에 가려지다)', '心·内·奥に潜む(마음·속·안에 잠재하다)'처럼, 발각되지 않도록 숨거나 밖으로 드러나지 않고 잠재하는 경우에 사용한다

例

❶ 物陰に潜んでいた若い男がいきなり身をのりだした。
구석에 숨어있던 젊은 남자가 갑자기 몸을 쑥 내밀었다.

❷ 普段は海底に潜んでいる魚が珍しく海面近くを泳いでいた。
평상시는 해저에 숨어있는 물고기가 드물게 해면 근처를 헤엄치고 있었다.

❸ 事件の陰に潜んでいた黒幕がとうとう報道陣の前に姿を現わした。
사건 그늘에 가려져 있던 흑막이 마침내 보도진 앞에 모습을 드러냈다.

❹ この事件の背後にはもっと大きな犯罪が潜んでいるような気がする。
이 사건의 배후에는 더 큰 범죄가 숨어있는 듯한 느낌이 든다.

❺ 彼の言葉の裏に潜む皮肉に気づいた人が果たして何人いるだろうか。
그의 말 뒤에 숨은 야유를 알아차린 사람이 과연 몇 명 있을까.

❻ 大金を目の前にして心の奥に潜んでいた邪悪な気持ちが頭を擡げてきた。
큰돈을 보고 마음 깊숙이 잠재해 있던 사악한 마음이 고개를 쳐들었다.

[潜める]

意 🇯🇵 ① 人身を隠す、潜ませる ② 人に聞かれないようにする ③ 胸の中などに隠し持つ

🇰🇷 ① 숨기다 ② (숨, 소리 등을)죽이다 ③ 담다

用 潜めるは '身を潜める(몸을 숨기다)', '影を潜める(자취를 감추다)', '声·息を潜める(목소리·숨을 죽이다)', '鳴りを潜める(활동을 억제하다)', '胸に潜める(가슴에 숨기다)'처럼, 무언가를 숨기거나 소리나 숨을 죽이거나 가슴 속에 담는 경우에 사용한다.

例

❶ 二人は周囲の目を気にしながら声を潜めて話し合っていた。
둘은 주위의 눈을 신경 쓰면서 소리를 낮추어 대화하고 있었다.

❷ 子供たちは物陰に身を潜め、犯人が通り過ぎるのを待った。
아이들은 그림자에 몸을 숨기고 범인이 지나가기를 기다렸다.

❸ 長い間胸に潜めていた思いを彼女はとうとう打ち開けてくれた。
오랫동안 가슴에 품고 있던 생각을 그녀는 결국 털어놓아 주었다.

❹ 去年大活躍した彼も今年は膝の故障で全く鳴りを潜めている。
작년에 대활약한 그도 올해는 무릎 고장으로 완전히 활동을 억제하고 있다.

❺ 一度言い出したら聞かない父の頑固な性格も今ではすっかり影を潜めた。
한번 말을 시작하면 듣지 않는 아버지의 완고한 성격도 지금은 완전히 자취를 감추었다.

[浸<ruby><rt>ひた</rt></ruby>る]

意 	⊕ ① 水や湯の中に入る，浸かる　② ある気持ちに身を任せたような状態になる

　　⊕ ① 물에 들어가다, 잠기다, 침수하다　② 빠지다, 젖다

用 	浸る는 '水・海水に浸る(물・해수에 잠기다)', '生活・喜びに浸る(생활・기쁨에 젖다)'

　　처럼, 물에 잠기거나 어떤 기분에 젖거나 어떤 상태에 빠지는 경우에 사용한다.

例

❶ 昨日の大雨で校庭がすっかり水に浸ってしまった。
어제의 큰비로 교정이 완전히 물에 잠겨 버렸다.

❷ ロープの先端が海水に浸って、ボロボロになっている。
로프 끝이 바닷물에 잠겨 너덜너덜하게 되었다.

❸ 岸は岩だらけの所もあれば、森が水に浸っている所もある。
해안은 바위투성이인 곳도 있지만, 숲이 물에 잠겨 있는 곳도 있다.

❹ 今ごろ彼らは家族といっしょに優勝の喜びに浸っていることだろう。
지금쯤 그들은 가족과 함께 우승의 기쁨에 젖어 있을 것이다.

❺ 大事な人を失った悲しみの中に静かに浸っているかのように見えた。
중요한 사람을 잃은 슬픔 속에 조용히 빠져 있는 것처럼 보였다.

❻ 少なくともこんなところでのんびりと幸せ気分に浸っている場合では

ない。
적어도 이런 곳에서 느긋하게 행복감에 젖어 있을 상황이 아니다.

[浸す]

[意] ㊐ ① 液体の中に入れる，浸ける，染み込ませる　② 溢れた水が物を覆い尽す

㊫ ① 담그다, 잠그다, 적시다　② 덮다

[用] 浸すは 'リンゴを浸す(사과를 담그다)', 'タオルを浸す(수건을 적시다)', '水·アルコールに浸す(물·알코올에 적시다)', '闇が町を浸す(어둠이 마을을 덮다)'처럼, 물에 담그거나 적시거나 비유적으로 적시듯이 덮는 경우에 사용한다.

[例]

❶ 消毒液をたっぷりガーゼに浸して傷口に貼る。
소독제를 듬뿍 가제에 적셔 상처에 붙인다.

❷ 夕やみが町を浸す頃、小さな雪が舞い始めた。
저녁노을이 마을을 덮을 무렵 작은 눈발이 날리기 시작했다.

❸ 注射をする時はアルコールに浸した脱脂綿で消毒する。
주사를 놓을 때는 알코올에 적신 탈지면으로 소독한다.

❹ ちょっと溶液に浸しただけでも、マグネシウムは溶けてしまった。
잠시 용액에 담근 것만으로도 마그네슘은 녹아 버렸다.

❺ 皮を剥いたリンゴも塩水に浸しておけば、そんなに色は変わらない。
껍질을 벗긴 사과도 소금물에 담가두면 그렇게 색은 변하지 않는다.

❻ 腫れ上がった足を小川の冷たい水に浸すと、いくらか痛みも和らいだ。
부어오른 발을 냇물의 차가운 물에 담그자 어느 정도 아픔도 누그러졌다.

063 　拈る(捻る)

[意]

㊐ ①指先で軽く回す　②体の向きを変える　③考えを巡らす　④疑わしく思う、首を傾げる　⑤普通とは違ったものを作り出す

㊹ ①돌리다, 틀다　②몸을 틀어 돌리다　③깊이 생각하다, 궁리하다　④갸웃하다　⑤다르게 하다

[用]

拈る는 '蛇口・スイッチを捻る(수도꼭지・스위치를 돌리다/틀다)', '首を捻る(목을 갸웃하다, 목을 비틀다)', '足首を捻る(발목을 뒤틀리다/삐다)', '問題を捻る(문제를 꼬다)'처럼, 수도꼭지나 스위치를 비틀어 틀거나, 물건을 뒤틀거나, 머리를 쥐어짜 아이디어를 생각하는 경우에 사용한다. '捻くれる'처럼 생각이 비틀어진 경우에도 사용한다.

[例]

❶ どう頭を捻っても、いいアイデアが浮かんでこない。
아무리 머리를 짜내도 좋은 아이디어가 떠오르지 않는다.

❷ 探偵は残された証拠品を前に首を捻って考え込んでいる。
탐정은 남겨진 증거품을 앞에 두고 고개를 갸웃하며 깊이 생각하고 있다.

❸ 私はシャワーの蛇口を捻って水を出し、注がれる水を浴びた。
나는 샤워 꼭지를 돌려 물을 틀고 쏟아지는 물을 맞았다.

❹ 激しいタックルで足首を捻った選手は、そのままそこに蹲ってしまった。
심한 태클로 발목을 뒤틀린 선수는 그대로 그 자리에 웅크리고 말았다.

❺ 最後の問題はちょっと捻ってあったので、やはり正解者は少なかった。
마지막 문제는 좀 꼬아 놔서 역시 정답자는 적었다.

064 ≫≫ 秘める   □□□□

意
- ⊕ 奥深く隠し持って人に示さない、確かに隠し持つ
- ㉠ 숨기다, 속에 담다

用 秘める는 '心・胸に秘める(마음・가슴에 숨기다)', '感情・事実・闘志を秘める(감정・사실・투지를 숨기다)', 'なぞを秘める(수수께끼를 내포하다)', '秘めた思い(담아둔 생각)'처럼, 무언가를 숨기거나 담아두는 경우에 사용한다.

例

❶ モナリザの謎を秘めた微笑に魅せられる人は多い。
모나리자의 수수께끼를 담은 미소에 매혹되는 사람은 많다.

❷ 秘めた思いを伝えたいのに、どうしてもいい言葉が思いつかない。
숨겨둔 생각을 전하고 싶은데 아무리 해도 좋은 말이 생각나지 않는다.

❸ 私にはこの試合に対する彼の秘めた闘志が伝わってくるようだった。
나에게는 이 시합에 대한 그의 숨긴 투지가 전해져 오는 것 같았다.

❹ 彼が胸に秘めている考えを読み取ろうと、ぼくは彼の目をじっと見つめた。
그가 가슴에 숨기고 있는 생각을 간파하려고, 나는 그의 눈을 가만히 주시했다.

❺ 事件の陰に思いがけない事実が秘められていることに、だれも気づいていない。
사건의 배후에 생각지도 않은 사실이 숨겨져 있는 것을 아무도 눈치채지 못했다.

065 冷やかす

[意] ⓙ ①相手を揶揄う ②買う気もないのに値段を聞く ③冷たくする，冷やす

ⓚ ①놀리다 ②사지 않고 값만 물어보다 ③차게 하다

[用] 冷やかすは‘人・失敗を冷やかす(사람·실패를 놀리다)’, ‘夜店を冷やかす(야시에서 구경하고 값만 물어보다)’처럼, 사람을 놀리거나 물건을 안 사고 둘러보는 경우에 사용한다.

[例]

❶ 彼女が何度か冷やかすように私の目を見つめるのに気づいた。
그녀가 몇 번인가 놀리듯이 내 눈을 바라보는 것을 깨달았다.

❷ 屋台を冷やかしているうちに、一軒の店の前で彼は足を止めた。
포장마차를 둘러보고 있는 사이에 한 채의 가게 앞에서 그는 발을 멈췄다.

❸ 軽口や相手を冷やかすような発言が多いが、仲間想いな一面もある。
입이 가볍고 상대를 놀리는 그런 발언이 많지만, 동료를 생각하는 일면도 있다.

❹ 私はその時の彼の表情を思い浮かべ、冷やかすような調子で訊ねた。
나는 그때 그의 표정을 떠올리며 놀리는 듯한 태도로 물었다.

❺ 少し離れた所に女の人向けのキオスクがあるので、その店頭を冷やかすことにした。
조금 떨어진 곳에 여성용 키오스크가 있어 그 가게 앞을 둘러보기로 했다.

066 >>> 翻る/翻す   □□□□

[翻る]

意 📖 ① 風に吹かれてひらひらする，風に靡く，はためく，風に吹かれて舞う ② 態度・意見などが急に変わる

🇰🇷 ① 펄럭이다, 나부끼다, 흩날리다 ② 태도 등이 확 바뀌다, 뒤집히다

用 翻るは '旗が翻る(깃발이 펄럭이다)', '落ち葉が翻る(낙엽이 흩날리다)', '心・判決が翻る(마음・판결이 바뀌다)'처럼, 바람에 펄럭이거나 흩날리거나 의견 등이 뒤집히는 경우에 사용한다.

例

❶ 深紅の旗が朝焼けの空で風に翻っている。
새빨간 깃발이 노을 진 하늘에서 바람에 펄럭이고 있다.

❷ 吹きすさぶ風の中で主人公のマントが翻っている。
거칠게 부는 바람 속에서 주인공의 망토가 펄럭이고 있다.

❸ マリリン・モンローのスカートが翻るシーンは、とても有名である。
마르린먼로의 스커트가 펄럭이는 장면은 매우 유명하다.

❹ 彼の態度はしょっちゅう翻って安定しないから、どうしても信頼に欠ける。
그의 태도는 늘 뒤집혀 안정되지 않아서 아무래도 신뢰가 부족하다.

❺ 公開当時の批評の多くは好意的ではかったが、後にその意見は翻った。
공개 당시의 많은 비평은 호의적이지 않았지만, 후에 그 의견은 바뀌었다.

[翻す]

意 日 ① 素早く裏返す，引っくり返す ② 身を踊らせる，身を交す ③ 態度・意見などを急に変える，覆す ④ 旗などを風に靡かせる

韓 ① 재빨리 뒤집다 ② 몸을 젖히다, 돌리다 ③ 태도나 의견을 획 바꾸다 ④ 깃발을 펄럭이게 하다, 휘날리다

用 翻すは '決意・決心を翻す(결의・결심을 뒤집다)', '身を翻す(몸을 돌리다/날리다)', '宣言・言動を翻す(선언・언동을 바꾸다/번복하다)', '旗を翻す(깃발을 휘날리다)', '反旗を翻す(반기를 들다)'처럼, 재빨리 뒤집거나 몸을 돌리거나 의견 등을 획 바꾸는 경우에 사용한다.

例

① 死を間近にした人の決意を翻させることはできない。
죽음을 눈앞에 둔 사람의 결의를 뒤집게 할 수는 없다.

② 私は一度決めた決心を他人の力で翻させられるのが嫌いなのだ。
나는 한번 결정한 결심을 타인의 힘으로 뒤집히는 것이 싫다.

③ それを猫の背後にすり抜けさせると、猫はすぐに身を翻して後を追った。
그것을 고양이의 등 뒤로 빼내자 고양이는 바로 몸을 뒤집어 뒤를 쫓았다.

④ 周囲の者たちが見ている前で、自分の宣言を翻すことは考えられない。
주위 사람들이 보는 앞에서 자신의 선언을 번복하는 것은 생각할 수 없다.

⑤ もっとも、権力を恐れてこれまでの言動を翻した者の方がはるかに多かった。
하긴 권력을 두려워하여 지금까지의 언동을 번복한 사람 쪽이 훨씬 많았다.

― 067 ⟩⟩⟩ 怯む

□□□□

[意]　⑪ 怖じ気づいて勢いが弱まる, 尻込みする

　　　㉔ 기가 죽다, 꺾이다.

[用]　怯むは '相手・敵が怯む(상대・적이 약해지다/기가 꺾이다)' 처럼, 기가 죽어 약해지
　　　거나 뒷걸음질 치는 경우에 사용한다.

[例]

❶ 彼は少しも怯まずにその難局に立ち向かった。

그는 조금도 기가 꺾이지 않고 그 난국에 맞섰다.

❷ 大きな相手に怯むことなく体でぶつかっていく姿はすごい。

큰 상대에 기가 꺾이는 일 없이 몸으로 부딪쳐 가는 모습은 굉장하다.

❸ それより驚いたのは炎に怯んで閉じていた目を開けてからだった。

그보다 놀란 것은 불길에 겁나 감고 있던 눈을 뜨고 나서였다.

❹ 今ここで怯んでは、これまでの努力が水の泡になるとばかりに
迫ってくる。

지금 여기서 꺾여서는 지금까지의 노력이 물거품이 될 것처럼 다가온다.

❺ 相手の応援団の数に怯んだせいか、わがチームは普段の実力が
出せなかった。

상대 응원단 수에 기가 꺾인 탓인지, 우리 팀은 평소 실력을 발휘하지 못했다.

068 吹かす/蒸かす

[吹かす]

意 🇯🇵 ①煙を吐き出す，煙草を吸う ②エンジンの回転数を上げる ③人前で偉そうな態度を取る

🇰🇷 ① 피우다, 연기를 뿜어내다 ② 엔진을 가속하다 ③ 티를 내다

用 吹かすは 'タバコを吹かす(담배를 피우다)', 'エンジンを吹かす(엔진을 밟다)', '先輩・役人・学者・成金風を吹かす(선배・관료・학자・벼락부자 티를 내다)'처럼, 담배를 피우거나 엔진을 가속하거나 티를 내는 경우에 사용한다.

例

[吹かす]

❶ 彼は極端にお役人風を吹かしはじめ、ちゃんとした意見を言わなくなった。
그는 극단적으로 관리티를 내기 시작하고 제대로 된 의견을 내지 않게 되었다.

❷ 男は煙草を吹かし、女はそっぽを向き、それから二人は黙って出て行った。
남자는 담배를 피우고 여자는 다른 쪽을 향하고, 그리고서 둘은 말없이 나갔다.

❸ もう最後のゲラが組みあがった頃だろうかと僕は煙草を吹かしながら思った。
이제 마지막 교정쇄가 이루어졌을 때일까라고 나는 담배를 피우며 생각했다.

❹ 今みたいに妙に偉そうな顔をされたり、先輩風を吹かされた時にはなおさらだ。
지금처럼 묘하게 잘난 듯한 얼굴을 하거나 선배티를 낸 때에는 더 그렇다.

❺ 僕(ぼく)は人生(じんせい)が迎(むか)える死(し)に向(む)かって、ただ思(おも)い切(き)りアクセルを吹(ふ)かしているようだ。
나는 인생이 맞이하는 죽음을 향해 그저 마음껏 엑셀을 밟고 있는 것 같다.

[蒸(ふ)かす]

意 ㊐ 食(た)べ物(もの)に蒸気(じょうき)を当(あ)てて柔(やわ)らかくする，蒸(む)す

㊥ 찌다

用 蒸(ふ)かす는 '大豆(だいず)·ジャガ芋(いも)·さつま芋(いも)·冷(ひ)や飯(めし)を蒸(ふ)かす(콩·감자·고구마·찬밥을 찌다)' 처럼, 식재료를 찌는 경우에 사용한다.

例

❶ 母(はは)はいつも見(み)ずに蒸(ふ)かした大豆(だいず)を混(ま)ぜてご飯(はん)を作(つく)る。
엄마는 항상 보지 않고 찐 콩을 섞어서 밥을 짓는다.

❷ 登山(とざん)の用意(ようい)をしながら、電子(でんし)レンジでジャガ芋(いも)と人参(にんじん)を蒸(ふ)かす。
등산의 준비를 하면서 전자레인지로 감자랑 당근을 찐다.

❸ ケーキは蒸(ふ)かした饅頭(まんじゅう)の中(なか)に黄色(きいろ)くて甘(あま)い餡(あん)が入(はい)ったものだった。
케이크는 찐 빵 안에 노랗고 단 팥소가 들어간 것이었다.

❹ 北海道(ほっかいどう)では蒸(ふ)かしたジャガイモにイカの塩辛(しおから)を乗(の)せて食(た)べることもある。
北海道에서는 찐 감자에 오징어젓갈을 올려서 먹는 일도 있다.

❺ 茨城県(いばらきけん)の干(ほ)し芋(いも)は当初(とうしょ)よりサツマイモを蒸(ふ)かして乾燥(かんそう)させて製造(せいぞう)している。
이바라키현의 말린 고구마는 당초부터 고구마를 쪄 건조시켜 제조하고 있다.

069 拭く

意
- ⓐ 水分や汚れを取り去る，拭き取る，拭う
- ⓗ 닦다

用 拭くは'茶わん・窓を拭く(공기・창문를 닦다)'，'体・汗を拭く(몸・땀을 닦다)'처럼, 걸레나 수건 등으로 닦는 경우에 사용한다.

例

❶ 机の上はその雑巾で拭いてください。
책상 위는 그 걸레로 닦아주세요.

❷ 洗った茶わんを拭く布巾は台所の左手にかかっている。
씻은 공기를 닦는 행주는 부엌의 왼쪽에 걸려있다.

❸ これだけ広い家だと、窓をよく拭くだけでも丸一日かかる。
이만큼 큰 집이면, 창문을 잘 닦는 것만으로도 하루종일 걸린다.

❹ おじさんはハンカチで額の汗を拭くと、また仕事にとりかかった。
아저씨는 손수건으로 이마의 땀을 닦고 다시 일에 착수했다.

❺ お風呂から上がったらタオルでよく体を拭かないと、風邪をひく。
목욕을 마치면 수건으로 충분히 몸을 닦지 않으면 감기에 걸린다.

070 >>> 膨れる/膨らむ □□□□

[膨れる]

意　⊜ ① 盛り上がって大きくなる，膨らむ　② 不機嫌な顔になる

　　　⊛ ① 불룩해지다, 부풀다, 커지다　② 뾰루퉁해지다, 토라지다

用　膨れる는 '風船・腹が膨れる(풍선・배가 불룩해지다)', '餅・パンが膨れる(떡・빵이 부풀어오르다)', '顔が膨れる(얼굴이 뾰루퉁해지다)' 처럼, 대상이 부풀어 오르거나, 기분이 안 좋아 토라지는 경우에 사용한다.

例

❶ パンが膨れるのは、イースト菌の働きによるものだ。
빵이 부푸는 것은 이스트균의 작용에 의한 것이다.

❷ 網に載せて三分と経たないうちに、餅は膨れてきた。
망에 올리고 3분도 지나지 않아 떡은 부풀어 왔다.

❸ 牛乳も何も入れないで柔らかに膨れるが、少し熟練を要する。
우유도 뭐도 넣지 않고 부드럽게 부풀지만 약간 숙련이 필요하다.

❹ 今日は何も買ってあげないからと言われて、妹は膨れた顔をした。
오늘은 아무것도 안 사줄 테니까라고 하여 여동생은 뽀로통한 얼굴을 했다.

❺ 公園でどんぐりを拾ってきた弟のポケットは、ぱんぱんに膨れていた。
공원에서 도토리를 주워 온 남동생의 주머니는 빵빵하게 부풀어 있었다.

[膨らむ]

意 🔵 ①盛り上がって大きくなる, 膨れる ②規模などが大きくなる, 思いが大きくなる

🔴 ①부풀다, 팽창하다, 불룩해지다 ②커지다, 불어나다

用 膨らむは '腹が膨らむ(배가 불룩해지다)', '風船が膨らむ(풍선이 부풀어 오르다)', '蕾が膨らむ(꽃봉오리가 볼록해지다)', '夢·希望·疑惑が膨らむ(꿈·희망·의혹이 커지다/부풀다)', '予算·借金が膨らむ(예산·빚이 불어나다)'처럼, 부풀어 오르거나 볼록해지거나, 규모가 커지거나 불어나는 경우에 사용한다.

例

❶ 今年は桜のつぼみが膨らむのも例年より早いようだ。
올해는 벚꽃 봉오리가 부풀어 오르는 것도 예년보다 빠른 것 같다.

❷ 空気は温度が上がったり、気圧が下がったりすると膨らむ。
공기는 온도가 올라가거나 기압이 내려가거나 하면 팽창한다.

❸ 話し合いを重ねるたびに、ぼくたちの計画は膨らんでいった。
이야기를 거듭할 때마다 우리의 계획은 커져 갔다.

❹ 国家予算は年々膨らんでいき、今では五十兆円を超えている。
국가 예산은 매년 불어나 지금은 50조엔을 넘고 있다.

❺ 目つきの鋭い男は、お爺さんの膨らんだ財布を見逃さなかった。
눈매가 날카로운 남자는 할아버지의 불룩한 지갑을 놓치지 않았다.

❻ この画家の描く女性は、みんな目が細く、頬っぺたが膨らんでいる。
이 화가가 그린 여성은 모두 눈이 가늘고 볼이 통통하다.

071 》》》 耽る（ふけ）

□□□□

意 ⑪ ある一つのことに熱中（ねっちゅう）する，没頭（ぼっとう）する，すっかり心（こころ）を奪（うば）われる

⑪ 열중하다, 몰두하다, 전념하다, 마음을 뺏기다, 빠지다

用 耽（ふ）ける는 '読書（どくしょ）に耽（ふけ）る(독서에 전념하다)', '雑談（ざつだん）に耽（ふけ）る(잡담에 몰두하다)', '空想（くうそう）に耽（ふけ）る(공상에 빠지다)', '思案（しあん）に耽（ふけ）る(생각에 잠기다)'처럼, 무언가에 전념·몰두하거나 마음을 뺏겨 빠지는 경우에 사용한다.

例

❶ 友人（ゆうじん）と雑談（ざつだん）に耽（ふけ）っていて、家（いえ）に電話（でんわ）をするのを忘（わす）れていた。

친구와 잡담에 빠져있어서 집에 전화하는 것을 잊고 있었다.

❷ いい考（かんが）えが浮（う）かばないらしく、思案（しあん）に耽（ふけ）る父（ちち）の表情（ひょうじょう）は深刻（しんこく）である。

좋은 생각이 떠오르지 않는 듯 생각에 잠긴 아버지의 표정은 심각하다.

❸ どんより曇（くも）った空（そら）を見（み）つめ、姉（あね）はただもの思（おも）いに耽（ふけ）っているようだ。

잔뜩 흐린 하늘을 쳐다보고 누나는 그저 깊은 생각에 골몰해있는 것 같다.

❹ 小（ちい）さい頃（ころ）は、もし野球（やきゅう）の選手（せんしゅ）になれたらと、空想（くうそう）に耽（ふけ）ったこともあった。

어릴 때는 만약 야구 선수가 될 수 있으면 하고 공상에 빠진 일도 있었다.

❺ 彼（かれ）は学生時代（がくせいじだい）から、ほとんど運動（うんどう）はせず、もっぱら読書（どくしょ）に耽（ふけ）っていた。

그는 학생 시절부터 거의 운동은 하지 않고 오로지 독서에 빠져있었다.

[塞ぐ]

意
⑩ (他) ①隙間や穴を無くす　②目・耳・口などを覆う，閉じる　③通行を妨げる　④占領する，占拠する　⑤役目を果たす　(自) ⑥気分が晴れないでいる，憂鬱である

㉿ ①막다, 채우다　②덮다, 가리다　③가로막다, 방해하다　④차지하다, 점하다　⑤(맡은 바를) 다하다　⑥우울해지다

用 塞ぐ는 '穴を塞ぐ(구멍을 막다)', '目を塞ぐ(눈을 가리다)', '口を塞ぐ(입을 다물다)', '道・道路・建物を塞ぐ(길・도로・건물을 가로막다)', '席を塞ぐ(자리를 차지하다)', '気が塞ぐ(마음이 우울해지다)', '塞いだ顔(우울한 얼굴)'처럼, 대상을 막거나 채우거나 가리거나 덮거나, 마음이 우울해지는 경우에 사용한다.

例

❶ 生意気な光景に、ぼくは思わず目を塞いだ。
건방진 광경에 나는 무심결에 눈을 가렸다.

❷ 落石が国道を塞いでから、まる一日が経った。
낙석이 국도를 막은 지 딱 하루가 지났다.

❸ 先生が何を言っても、彼は口を塞いだまま答えようとしない。
선생님이 무슨 말을 해도 그는 입을 다문 채 대답하려 하지 않는다.

❹ 器用な父はあっという間に塀の穴をモルタルで塞いでしまった。
솜씨가 좋은 아버지는 순식간에 담장의 구멍을 몰타르로 막아버렸다.

❺ 警護員たちが建物の前を塞いでいて、人が中に入ることができなかった。
경호원들이 건물 앞을 가로막고 있어 사람들이 안으로 들어갈 수 없었다.

[塞がる]

意 🇯🇵 ①隙間や穴に邪魔なものが詰まる, 通じなくなる　②開いていたものが閉じる

🇰🇷 ①막히다　②닫히다

用 塞がる는 '穴・管・道が塞がる(구멍・관・길이 막히다)', '息・胸が塞がる(숨・가슴이 막히다/메다)', '傷口が塞がる(상처가 아물다)', '戸・口が塞がる(문・입이 닫히다)', '目が塞がる(눈이 감기다)', '席が塞がる(자리가 차다)'처럼, 대상이 막히거나 차거나 닫히는 경우에 사용한다.

例

❶ 駅の公衆電話はあいにくどれも塞がっていた。
역의 공중전화는 공교롭게 어느 것도 사용중이었다.

❷ ホテルに電話した時には部屋はもうすべて塞がっていた。
호텔에 전화했을 때는 방은 이미 전부 차 있었다.

❸ 荷物を全部詰め込んだら、リュックの口が塞がらなくなった。
짐을 전부 채워 넣었더니 배낭의 입구가 닫히지 않게 되었다.

❹ 思ったより傷は深くて、ちゃんと塞がるまで三週間もかかった。
생각보다 상처는 깊어서 제대로 아물 때까지 3주나 걸렸다.

❺ 彼女の変わり身の早さに、ぼくは開いた口が塞がらなかった。
그녀의 전향이 빠름에 나는 열린 입이 닫히지 않았다.

❻ 優勝が決まった瞬間、喜びで胸が塞がって何も言葉が出なかった。
우승이 결정된 순간 기쁨으로 가슴이 메어 아무 말도 나오지 않았다.

073 ››› 防ぐ

☐☐☐☐

意 🇯🇵 ①侵入を食い止める　②入らないように遮る　③手段を講じる

🇰🇷 ① 막다, 방어하다, 저지하다,　② 해를 당하지 않도록 강구하다

用 防ぐは '侵入を防ぐ(침입을 저지하다)', '腐敗を防ぐ(부패를 방지하다)', '伝染病を防ぐ(전염병을 방어하다)', '事故·爆発を防ぐ(사고·폭발을 막다)'처럼, 무언가를 막거나 방어·방지·저지하는 경우에 사용한다.

例

❶ 転落事故を防ぐスクリーンドアの設置が急がれる。
추락 사고를 방지하는 스크린도어 설치가 시급하다.

❷ 感染爆発を防ぐため、住民へ外出自粛を求める。
감염 폭발을 막기 위해 주민에게 외출 자제를 당부한다.

❸ 昔は町を焼き払うことも伝染病を防ぐ方法の一つだった。
옛날에는 마을을 다 태워버리는 일도 전염병을 막는 방법의 하나였다.

❹ 今の兵力では、とても敵の侵入を防ぐことなど不可能だ。
지금의 병력으로는 도저히 적의 침입을 저지하는 것 따위 불가능하다.

❺ この食品には腐敗を防ぐためにいくつかの物質が使われている。
이 식품에는 부패를 방지하기 위해 몇몇 물질이 사용되고 있다.

074 ⟩⟩⟩ 伏す/伏せる □□□□

[伏す]

意 ⊞ ①体を床や地面に付ける，頭を深く下げる，俯く　②外から見えないようにする，隠れる

　　　 ㊦ ① 엎드리다, 고개 숙이다　② 아파서 드러눕다　③ 숨다, 몸을 감추다

用 伏する‘床・地に伏す(바닥・땅에 엎드리다)’, ‘風邪で伏す(감기로 드러눕다)’, ‘岩陰に伏す(바위 뒤에 숨다)’처럼, 땅에 엎드리거나 아파서 눕거나 몸을 감추는 경우에 사용한다.

例

❶ 私はニュースを聞いた時、畳にガバと伏して泣き出した。
나는 뉴스를 들었을 때 타따미에 탁 엎드려 울기 시작했다.

❷ 間もなく皇帝が病に伏し、そのまま亡くなったため混乱状態にある。
이윽고 황제가 병으로 드러누워 그대로 돌아갔기 때문에 혼란 상태에 있다.

❸ 地に伏して嘆いても、誰一人己の気持ちを分かってくれる者はない。
땅에 엎드려 한탄해도 누구 하나 나의 마음을 알아주는 사람은 없다.

❹ 気分が良くなくて床に伏し、義務や心配ごとはすべて彼に任せていた。
기분이 안 좋아 마루에 엎드려 의무나 걱정거리는 전부 그에게 맡기고 있었다.

❺ その時になって、初めて地に一列になって伏している兵の影を見つけた。
그때가 되어 처음 땅에 일렬로 잠복하고 있는 병사의 모습을 발견했다.

[伏せる]

意 🈁 ①体を下の方に向ける ②表面・上部などを下に向けて置く ③見つからないようにする，潜ませる ④人に知られないようにする，隠す

🈂 ①엎드리다, 고개를 숙이다, ②엎어놓다, 뒤집어 놓다 ③묻다, 잠복·매복시키다 ④덮다, 숨기다

用 伏せる는 '身を伏せる(몸을 엎드리다)', '顔を伏せる(얼굴을 숙이다)', '目を伏せる(눈을 내리뜨다)', '本を伏せる(책을 엎어놓다)' '土管を伏せる(토관을 묻다)', '兵を伏せる(병사를 매복시키다)', '名を伏せる(이름을 숨기다)', '話を伏せる(이야기를 덮다)'처럼, 몸을 엎드리거나 숙이거나 무언가를 묻거나 숨기는 경우에 사용한다.

例

❶ 慌てて身を伏せると、それはがちゃんと音を立ててすぐ傍に落ちた。
황급히 몸을 숨기자 그것은 쨍그랑 소리를 내며 바로 옆으로 떨어졌다.

❷ もう何を隠しても無駄だと判断したのか、懺悔するように目を伏せる。
이제 무엇을 숨겨도 소용없다고 판단한 것인지 참회하듯이 눈을 내리뜬다.

❸ 日本の馬は伏せるように訓練されていないし、睡眠も立ったままである。
일본의 말은 엎드리도록 훈련받고 있지 않고 수면도 선 채로이다.

❹ 具体的な売上は伏せられたが、決して無視できない数字であると言う。
구체적인 매상은 숨겨졌지만, 결코 무시할 수 없는 숫자라고 한다.

❺ 被害者の名前は伏せられていたが、地元ではこんな風に知っている人も多い。
피해자 이름은 감춰져 있었지만, 고향에서는 이런 식으로 알고 있는 사람도 많다.

─ 075 ⟫⟫⟫ ふやかす　□□□□

意 🇯🇵 水や湯などに浸して膨らませる

🇰🇷 물에 담가 붇게 하다, 불리다

用 ふやかす는 '水にふやかす(물에 불리다)', '豆を水につけてふやかす(콩을 물에 넣어 불리다)'처럼, 쌀이나 콩 등을 물에 넣어 불리는 경우에 사용한다.

例

❶ 主に牛乳やヨーグルトなどをかけてふやかして食べる。
주로 우유나 요구르트 등을 뿌려서 불려서 먹는다.

❷ 家庭ではこれを炒めたり、水でふやかして御飯に入れたりなどした。
가정에서는 이것을 볶거나 물로 불려서 밥에 넣거나 했다.

❸ ラベルの剥がれにくいものは前の日から洗面器に浸けて、ふやかしておく。
라벨이 잘 벗겨지지 않는 것은 전날부터 세면기에 담가 불려둔다.

❹ ゼラチンを水でふやかしておき、湯煎しながら卵黄と砂糖を泡立て器で混ぜる。
젤라틴을 물로 불려두고 중탕하면서 노른자와 설탕을 거품기로 섞는다.

❺ 髪にこびりついた血は水でふやかした上にしつこく擦って、どうにかほとんど取れた。
머리에 달라붙은 피는 물로 불린 다음에 잘 문질러 그럭저럭 거의 떨어졌다.

076 ぶらつく

□□□□

意
⑪ ①垂れ下がって揺れる　②当てもなく歩き回る　③仕事をせず漫然と暮らす

⚡ ①흔들거리다　②거닐다, 서성대다　③빈들거리다

用
ぶらつくは '脚・瓢箪がぶらつく(다리・표주박이 흔들거리다)', '山・公園・遊歩道を
ぶらつく(산・공원・산책로를 거닐다/서성대다)'처럼, 물체가 흔들거리거나 정처 없이
거닐거나 서성대거나 할 일 없이 빈들거리는 경우에 사용한다.

例

❶ 私は押入れから出した脚をぶらつかせながら自身満々に言った。
나는 벽장에서 꺼낸 다리를 흔들면서 자신만만하게 말했다.

❷ 私は一応、警察が来るまで待つことにして、その辺をぶらついた。
나는 일단 경찰이 올 때까지 기다리기로 하고 주변을 서성댔다.

❸ 私は月に最低一度は野山をぶらつき、都会の騒がしさを忘れている。
나는 달에 최소 한번은 산과 들을 떠돌며 도시의 번잡함을 잊고 있다.

❹ 俺は森の中の遊歩道をぶらつき、あのブロンズ像のところにやって
きた。
나는 숲속 산책로를 산책하며 그 동상 부근으로 걸어왔다.

❺ 日も長くなって、みんな六時を回っても、まだ公園をぶらついてい
る時期だ。
해도 길어져 모두 6시를 지나도 아직 공원을 산책하고 있을 시기이다.

077 ≫≫≫ 奮う(振るう)　□□□□

意　🄙 (他)① 拳や武器などを大きく振り動かす　② 力や能力などを発揮する　③ 振り動かして中の物をすっかり出す, 取り除く　(自)④ 勢いが盛んになる　⑤ 普通とは違っている

　　🄚 ① 휘두르다　② 발휘하다, 다 내다　③ 털다, 털어내다　④ 활발해지다　⑤ 색다르다, 기발하다

用　奮う(振るう)는 '暴力·腕力を振う(폭력·완력을 휘두르다)', '腕を振う(실력을 발휘하다)', '勇気を奮う(용기를 내다)', '采配を振う(지휘봉을 잡다)', '猛威を振う(맹위를 떨치다)', '士気が振う(사기가 오르다)', '商売·スピーチ·成績が奮う(장사·스피치·성적이 신통치 않다)'처럼, 힘을 휘두르거나 능력을 발휘하거나, 옷을 털거나, 무언가가 활발해지거나 색다른 경우에 사용한다.

例

❶ 石油ショック以後、この商売も奮わなくなった。
석유 쇼크 이후 이 장사도 신통치 않게 되었다.

友人代表で挨拶した彼のスピーチが奮っていた。
우인 대표로 인사한 그의 연설이 기발했었다.

中学生になったら、ほかのことに気が散るせいか成績が奮わない。
중학생이 되면 다른 일에 마음이 흐트러지는 탓인지 성적이 부진하다.

❷ どんな理由があるにせよ、暴力を振ったのはいただけないな。
어떤 이유가 있더라도 폭력을 휘두른 것은 받아들일 수 없다.

年下の子相手に腕力を振ったりして一体何がおもしろいのだ。
연하의 아이 상대로 완력을 휘두르거나 해서 도대체 무엇이 재미있는 것인가.

③ 猛威を振った台風二十号は、東海地方に大きな被害を与えた。

맹위를 떨친 태풍 20호는 동해지방에 큰 피해를 주었다.

④ 彼も今のポストでは、なかなか思うように腕を振うことができないだろう。

그도 지금 자리에서는 좀처럼 생각대로 솜씨를 발휘할 수 없을 것이다.

新監督が采配を振うようになってから、チームはまだ負け知らずで

ある。

새 감독이 지휘를 하게 되고 나서 팀은 아직 한 번도 지지 않았다.

⑤ 申し込みは明日の消印まで有効だから、みなさん奮って応募しよう。

신청은 내일 소인까지 유효하니 모두 분발하여 응모하자.

二メートル近くもある男に彼は勇気を奮って立ち向かって行ったそうだ。

2미터 가까이나 되는 남자에게 그는 용기를 내서 맞서 갔다고 한다.

078 >>> **ぶれる** □□□□

意 📖 ① 正常の位置から外れる，ずれる　② 写真を撮る瞬間にカメラが動く，映像がぼけて写る

🇰🇷 ① 정상위치에서 벗어나다, 생각이 비정상이다　② 흔들리다, 흐리게 찍히다

用 ぶれる는 '軸がぶれる(축이 흔들리다)', '銃がぶれる(총이 흔들리다)', '画像がぶれる(화상이 흔들리다)'처럼, 축이 흔들리거나 사진을 찍거나 할 때 흔들리거나, 생각 등이 비정상인 경우에 사용한다.

例

❶ 体の軸がぶれると矢が真っ直ぐ飛ばない。
몸의 축이 흔들리면 화살이 똑바로 날아가지 않는다.

❷ 押し付ける力が弱いと銃が安定せず、強ければ銃がぶれる。
누르는 힘이 약하면 총이 안정되지 않고 강하면 총이 흔들린다.

❸ それは何かがぶれて動いたように薄い帯をなしているようにも見える。
그것은 무언가가 흔들려 움직인 것처럼 얇은 띠를 이루고 있는 듯도 보였다.

❹ 彼は型が崩れず、軸がぶれない美しい打撃フォームが特徴だった。
그는 틀이 무너지지 않고 축이 흔들리지 않는 아름다운 타격폼이 특징이었다.

❺ この障害を受けた場合、テレビ画像は左右方向に画像が二重にぶれて見える。
이 장해를 받은 경우 TV 화상은 좌우 방향으로 화상이 이중으로 흔들려 보인다.

079 >>> 凹む(へこむ)

□□□□

[意]

🇯🇵 ① 表面の一部が周囲より低くなる，窪む　② 屈服する，挫ける　③ 損をする

🇰🇷 ① 움푹 들어가다, 패다　② 굴복하다, 꺾이다　③ 손해보다

[用]

凹む(へこむ)는 '道路・中央・壁が凹む(도로・중앙・벽이 패다)', '凹んだ目(へこんだめ)(움푹 들어간 눈)',
'気が凹む(きがへこむ)(기가 꺾이다)'처럼, 움푹 패거나 들어가거나, 기가 꺾이는 경우에 사용한다.

[例]

❶ 彼は凹んだ道路を戻って自転車を置いてきたところへ行った。

그는 움푹 팬 도로를 돌아가 자전거를 두고 온 곳으로 갔다.

❷ 熔岩ならば高い崖の上などではなく、凹んだ場所から流れだすはずだ。

용암이라면 높은 절벽 위 등이 아니라 움푹 들어간 곳에서 흘러나올 것이다.

❸ 喫茶店の入り口に、ちょっと凹んだ所があって、そこへ素早く身を隠す。

찻집 입구에 조금 들어간 곳이 있어 거기로 재빨리 몸을 감춘다.

❹ 少し凹んだ小さな眼、真っ直ぐな鼻、長い頤、それらが彼によく似ていた。

다소 움푹 팬 작은 눈, 반듯한 코, 긴 턱 그것들이 그를 많이 닮았다.

❺ 家柄も美貌も頭脳も備わっている彼女が楽しみにしたのは相手を凹ませることだった。

집안도 미모도 두뇌도 갖춰져 있는 그녀가 즐긴 것은 상대를 꺾는 일이었다.

080 >>> 隔たる/隔てる　□□□□□

[隔たる]

意　㊐ ① 遠く離れる　② 物事の間に差がある, 懸け離れている　③ 関係が疎くなる, 疎遠になる

　㊾ ① 멀리 떨어지다　② 차이가 있다　③ 관계가 멀어지다, 소원해지다

用　隔たる는 '年齢が隔たる(연령이 차이 나다)', '現実と隔たる(현실과 떨어지다)', '市街・海岸から隔たる(시가・해안에서 떨어지다)', '心・仲が隔たる(마음・사이가 멀어지다)'처럼, 멀리 떨어져 있거나 차이가 나거나 관계 등이 멀어지는 경우에 사용한다.

例

[隔たる]

❶ 人々の抱く理想は現実とかなり遠く隔たっている。
사람들이 품는 이상은 현실과 꽤 멀리 떨어져 있다.

❷ 年齢が隔たった二人は、とても兄弟とは思えなかった。
나이가 차이 나는 둘은 도저히 형제라고는 생각되지 않았다.

❸ 市街から隔たるにつれて藁葺き屋根の家が目立ってきた。
시가에서 멀어짐에 따라 초가지붕의 집이 눈에 띄어 왔다.

❹ 高校を卒業すると同時に二人の仲も次第に隔たっていった。
고교를 졸업함과 동시에 둘 사이도 점차 멀어져 갔다.

❺ ぼくたちの心が隔たってしまったのは会う時間が少なくなったからではない。
우리 마음이 멀어져 버린 것은 만나는 시간이 적어져서가 아니다.

[隔てる]

[意] 🇯🇵 ①距離を置く　②間に物を置く，間に置かれた物が二つを遮る　③関係を疎くする，遠ざける

🇰🇷 ① 거리를 두다　② 사이에 물건을 두다, 가로막다　③ 사이를 갈라놓다, 멀리하다

[用] 隔てるは '三年を隔てる(삼 년을 지나다)', 'テーブルを隔てる(테이블을 사이에 두다)', '雲が隔てる(구름이 가로막다)', '二人の仲を隔てる(둘 사이를 갈라놓다)'처럼, 거리를 두거나 무언가를 사이에 두거나 사이를 갈라놓는 경우에 사용한다.

[例]

❶ 三年の月日を隔てて二人は思い出の地で再会した。

　3년의 세월을 지나서 두 사람은 추억의 땅에서 재회했다.

❷ 厚い雲に隔てられて頂上付近はまったく見えなかった。

　두꺼운 구름에 가로막혀 정상 부근은 전혀 보이지 않았다.

❸ 遥か彼方には東京湾を隔てて房総半島の姿が見える。

　멀리 저쪽에는 동경만을 사이에 두고 보소반도의 모습이 보인다.

❹ 一体何が愛し合っていた二人の仲を隔ててしまったのだろうか。

　도대체 무엇이 서로 사랑했던 둘 사이를 갈라놓아 버린 것일까.

❺ レストランに入ると、二人はテーブルを隔てて向き合って座った。

　레스토랑에 들어가자 둘은 테이블을 사이에 두고 마주 보고 앉았다.

━081 ››› べたつく　□□□□

意　🇯🇵 ① べたべたと粘りつく，粘つく，べたべたする　② 馴れ馴れしく纏い付く，男女が甘えてだらしなく纏い付く，いちゃつく

　　🇰🇷 ① 끈적거리다, 찐득거리다　② 착 달라붙다, 남녀가 달라붙어 희롱거리다

用　べたつくは ‘空気がべたつく(공기가 끈적거리다)’, ‘髪はべたつく(머리가 끈적이다)’, ‘飴がべたつく(사탕이 찐득거리다)’, 女にべたつく(여자에게 달라붙다)처럼, 끈적이거나 찐득거리거나 사람에게 착 달라붙는 경우에 사용한다.

例

❶ 血のついた髪はべたついて、頬を伝って口の中に入る。
피 묻은 머리카락은 끈적거리고 뺨을 타고 입속으로 들어간다.

❷ 雨の日は飴が湿気を帯びてべたつくため、作るのが難しい。
비 오는 날은 사탕이 습기를 머금어 찐득거리기 때문에 만드는 것이 어렵다.

❸ 指先で触ってみると、乾いてはいるが、ちょっとべたつく感じがした。
손끝으로 만져보면 말라는 있지만 조금 끈적거리는 느낌이 들었다.

❹ 口はべたつき、鼻からは血が滴っていて、喧嘩の跡を示していた。
입은 끈적거리고 코에서는 피가 떨어지고 있어 싸움의 흔적을 보이고 있었다.

❺ べたつく空気とぎらぎらする陽の光の中で最初、私は彼女を無視していた。
끈적거리는 공기와 반짝이는 햇빛 속에서 처음에 나는 그녀를 무시했었다.

082 >>> 諂う (へつらう)

□□□□

意
- ⊕ お世辞を言ったり機嫌をとったりして相手の気に入るように振る舞う
- ㉑ 아첨하다, 알랑거리다, 아부하다

用 諂うは '上司・他人に諂う(상사・타인에게 아첨하다)', '権力に諂う(권력에 아부하다)' 처럼, 아부하거나 아첨하는 경우에 사용한다. 비슷한 단어로 '阿る', '媚びる'가 있다.

例

❶ 他人の機嫌を取りながら諂う人は卑怯だ。
타인의 비위를 맞추며 아첨하는 사람은 비겁하다.

❷ 無愛想な性格の息子は他人に諂うことを知らない。
무뚝뚝한 성격의 아들은 남에게 아첨하는 것을 모른다.

❸ 愛嬌を振り撒いて諂う娘は夫の愛を独占している。
애교를 부리며 살살거리는 딸은 남편의 사랑을 독점하고 있다.

❹ 昔から自分の利益のため、権力者に諂う人はいた。
옛날부터 자신의 이익을 위해 권력자에 아부하는 사람이 있었다.

❺ その新聞社は権力に諂う報道で政権与党に阿ている。
그 신문사는 권력에 아부하는 보도로 집권 여당에 아첨하고 있다.

083 >>>> へばる □□□□

意 ㉥ 疲れてへとへとになる，へたばる

㉠ 아주 지치다, 녹초가 되다, 딱 달라붙다

用 へばる는 '暑さ·強行軍·力仕事でへばる(더위·강행군·육체노동으로 녹초가 되다)'
처럼, 더위나 노동으로 지쳐 녹초가 되는 경우에 사용한다. 비슷한 어로 'へとへとに
なる, へたばる, 疲れはてる'가 있다.

例

❶ うちの会で最初にへばって顎を出すのは、いつもあいつだった。
우리 모임에서 처음에 지쳐서 기진맥진하는 것은 늘 그 녀석이었다.

❷ しばらくすると彼女は、へばって満足に足が上がらなくなってきた。
잠시 후 그녀는 녹초가 되어 제대로 발이 올라가지 않게 되었다.

❸ 三分ばかりの打ち込みをしただけで、相手は簡単にへばってしまった。
3분 정도의 공격을 한 것만으로 상대는 간단히 녹초가 되었다.

❹ 追って来た二人は階段の半分ほどの所で、へばって座り込んでし
まった。
쫓아 온 둘은 계단 중간 정도쯤에서 녹초가 되어 주저앉고 말았다.

❺ 勉強することが得意だが運動は苦手で少しの運動ですぐにへばっ
てしまう。
공부에 자신이 있지만, 운동은 잘 못해서 조금의 운동으로 바로 지쳐버린다.

084 　へりくだ 　謙る

[意]

🇯🇵 相手を敬って自分の言動を控えめにする，謙遜する

🇰🇷 자신을 낮추다, 겸손하다

[用] 謙る는 '自分を謙る(자신을 낮추다)', '謙った表現(겸손한 표현)'처럼, 자신을 낮추거나 겸손한 경우에 사용한다.

[例]

❶ あの人はとても謙ったものの言い方をする人だ。

저 사람은 아주 겸손한 표현을 하는 사람이다.

❷ 彼の謙った態度は多くの人に好感を持たれている。

그의 겸손한 태도는 많은 사람에게 호감을 주고 있다.

❸ 彼の自己紹介で少し気になったのは謙った表現の多すぎることだった。

그의 자기소개에서 조금 걸린 것은 겸손한 표현을 너무 많이 쓰는 것이었다.

❹ 必要以上に自分を謙るのは、かえって失礼な印象を与えることがある。

필요 이상으로 자신을 낮추는 것은 오히려 실례되는 인상을 주는 일이 있다.

❺ 目上の人に対しては自分や自分の身内のことを謙って言うのが普通だ。

손윗사람에 대해서는 자신이나 자신의 가족에 대해 낮추어 말하는 것이 보통이다.

085 >>> 葬る

意 🗾 ① 遺体や遺骨を墓に収める，埋葬する ② 人に知られないように処理する
③その社会では二度と活動出来ないようにする

🇰🇷 ① 묻다, 매장하다 ② 은폐하다, 감추다 ③ 사회적으로 매장하다

用 葬るは '遺体・遺骨を葬る(사체・유골을 묻다)', '墓・闇に葬る(묘・어둠에 묻다)', '世間・社会から葬られる(세상・사회로부터 매장되다)' 처럼, 사자를 묻거나 무언가를 감추거나 매장하는 경우에 사용한다.

例

❶ 木村家の人間は先祖代々この墓に葬られている。
키무라가의 사람은 선조 대대로 이 무덤에 묻혀있다.

❷ たった今、亡くなった祖父の遺骨を葬ってきたところだ。
이제 막 돌아가신 조부의 유골을 묻고 오는 참이다.

❸ その事件は表ざたにされることもなく、闇から闇に葬られていった。
그 사건은 공공연하게 알려지는 일도 없이 어둠에서 어둠으로 묻혀갔다.

❹ 私も彼を自分の子供同様に葬ってやりたかったが、それが出来なかった。
나도 그를 내 자식과 마찬가지로 묻어주고 싶었지만, 그것이 불가능했다.

❺ 一時、多くの人々の支持を得たその作家も今ではすっかり忘れられ、世間から葬り去られた。
한때 많은 사람의 지지를 얻은 그 작가도 지금은 완전히 잊혀 세상에서 묻혔다.

[暈^{ぼか}す]

意　㊐ ① 色や形の境目をほんやりさせる　② 話の内容を曖昧にする

　㊡ ① 확실하지 않게 하다, 흐리다　② 얼버무리다

用　暈^{ぼか}すは‘色を暈す(색을 흐리다)’, ‘焦点^{しょうてん}・論旨^{ろんし}を暈す(초점・논지를 흐리다)’, ‘態度を暈す(태도를 모호하게 하다)’, ‘重要な点・話を暈す(중요한 점・이야기를 얼버무리다)’ 처럼, 대상을 흐리게 하거나 말 등을 얼버무리는 경우에 사용한다.

例

❶ 日本語は文末の表現によって、いくらでもその論旨を暈すことができる。

일본어는 문말 표현에 따라 얼마든지 그 논지를 흐릴 수 있다.

❷ 反対派の感情を逆撫でしないよう、重要な点をかなり暈して説明された。

반대파의 감정을 자극하지 않도록 중요한 점을 꽤 얼버무려 설명되었다.

❸ 写真家は幻想的な雰囲気を出す時、焦点を暈して写真を撮ったりする。

사진가는 환상적인 분위기를 낼 때 초점을 흐려 사진을 찍거나 한다.

❹ 水彩画の世界では色を暈して全体の調子を柔らかくすることが行われる。

수채화 세계에서는 색을 흐려 전체 상태를 부드럽게 하는 일이 행해진다.

⑤ 彼が曖昧に話を暈したのは、きっと弟に真相を知られたくなかった

からだ。

그가 애매하게 말을 흐린 것은 필시 동생에게 진상을 알리고 싶지 않았기 때문이다.

⑥ 事故の責任者は報道陣の質問に態度を暈して何一つはっきりした

ことを言わなかった。

사고 책임자는 보도진 질문에 태도를 흐리며 뭐 하나 확실한 말을 하지 않았다.

[ぼやかす]

意 ⓓ 話の内容を曖昧にする

ⓚ 흐리다, 흐릿하게 하다, 얼버무리다

用 ぼやかすは '輪郭・効果・結末をぼやかす(윤곽・효과・결말을 흐리다)', '言葉・返事・本旨・争点(말・대답・본뜻・쟁점을 얼버무리다)'처럼, 말 등을 흐리거나 얼버무리는 경우에 사용한다.

例

❶ 靄の中に輪郭をぼやかした塔には一種の雰囲気があった。

안개 속에 윤곽이 흐릿한 탑에는 일종의 분위기가 있었다.

❷ 問い詰めると、その生徒は曖昧に言葉をぼやかして口を噤んだ。

몰아붙이자 그 학생은 애매모호 하게 말을 얼버무리고 입을 다물었다.

❸ 星は瞬き、煌めくが、その光はやはり同じく空気の層でぼやかされ

ている。

별은 깜빡이고 반짝이지만 그 빛은 역시 똑같이 공기층에서 흐려져 있다.

④ 破滅した町の姿が厚い雪に覆われ、崩壊した建物の輪郭がぼやか

されていた。

파멸한 거리의 모습이 두꺼운 눈으로 덮여 붕괴한 건물 윤곽이 흐릿해져 있었다.

⑤ その小説は巧妙に結末をぼやかし、読者の想像を掻き立てる手段

を取っていた。

그 소설은 교묘히 결말을 흐려 독자의 상상력을 유발하는 수단을 취하고 있었다.

087 ›››› 解す/解れる □□□□

[解す]

意 ㊐ ①縺れた糸などを解く ②固まっているものを捌いて細かくする ③凝り固まったものを和らげて元の状態へ戻す

㊗ ① 묶거나 꿰매져 있는 것을 풀다 ② 생선을 바르다 ③ 엉겨서 굳어진 것을 풀다

用 解す는 糸を解す(실을 풀다), '緊張を解す(긴장을 풀다)' '魚の身を解す(생선 살을 바르다)', '筋肉を解す(근육을 풀다)'처럼, 얽혀 있는 실 등을 풀거나, 근육이나 긴장 등을 푸는 경우에 사용한다. '解す'라고도 하며 복합어로 '揉み解す(주물러 풀다)'가 사용된다.

例

❶ 母は小さい妹には魚の身を解して食べさせる。
어머니는 어린 여동생에게는 생선의 살을 발라서 먹인다.

❷ マッサージによって筋肉の凝りや強張りを解す。
마사지로 뭉치거나 경직된 근육을 풀어준다.

固く凝った母の肩を叩いて凝りを解してあげた。
뻣뻣하게 굳은 어머니 어깨를 두드려 뭉친 것을 풀어 드렸다.

❸ 私は絡み合っている糸を解すのにかなり手古摺った。
나는 얽혀 있는 실을 푸느라 한참 애를 먹었다.

小さくなったセーターの毛糸を解して靴下に編み返た。
작아진 스웨터의 털실을 풀어서 양말로 다시 짰다.

④ コーチは試合開始前、みんなの緊張を解すため、冗談を言って笑わせた。

코치는 시합 개시 전 모두의 긴장을 풀기 위해 농담을 하며 웃게 했다.

⑤ おいしい雑炊を作るこつは固くなったご飯を水洗いして解し、汁に入れたら煮すぎないことだ。

맛있는 죽을 끓이는 비결은 딱딱해진 밥을 물로 씻어 풀고 국물에 넣으면 오래 끓이지 않는 것이다.

[解れる]

意 ⓛ ①縺れた糸などが解ける ②固まったものや固いものがが柔らかになる

㉔ 풀리다, 풀어지다, 풀어 떨어지다

用 解れるは‘糸が解れる(실이 풀리다)’, ‘筋肉が解れる(근육이 풀어지다)’, ‘心が解れる(마음이 풀어지다)’처럼, 얽히거나 굳은 것이 풀리거나 근육 등 뭉친 것이 부드럽게 풀어지는 경우에 사용한다.

例

① 首の筋肉が解れる瞬間に、引き攣るみたいな痛みが走る。

목 근육이 풀리는 순간에, 쥐가 나는 듯한 통증이 스쳐 간다.

② 片側の糸が破断しても容易に解れることがなく耐久性が非常に高い。

한쪽의 실이 떨어져 나가도 쉽게 풀어지는 일이 없이 내구성이 매우 높다.

③ 小さく縮こまっていたこころが解れるようで、彼はついついことばを重ねる。

작게 움츠러들었던 것이 풀리는 것 같아 그는 자신도 모르게 말을 거듭한다.

④ 集落に戻りさえすれば、彼女の心も解れるのではないかと期待したのだ。

취락으로 돌아가기만 하면 그녀의 마음도 풀리는 것이 아닐까 하고 기대했다.

⑤ 体中の筋という筋が凝り固まっていて、解れる音が他人にまで聞こえそうだ。

온몸의 근육이란 근육이 굳어져 있다가 풀리는 소리가 남에게까지 들릴 것 같다.

088 綻びる/綻ぶ（ほころびる/ほころぶ）

[意]

🇯🇵 ① 衣服の縫い目などが解ける　② 花の蕾が少し開く　③ 固まった表情が和らぐ，笑顔になる

🇰🇷 ① 터지다, 풀리다　② 벌어지다　③ 감정이 풀리다, 생긋 웃다

[用]

綻びる/綻ぶ는 '服が綻びる(옷이 해어지다)', '縫い目が綻びる(바느질이 풀어지다)', '蕾が綻びる(봉오리가 벌어지다)', '顔が綻びる(웃는 얼굴이 되다)'처럼, 바느질 한 곳이 터지거나, 꽃봉오리가 벌어지거나, 감정이 풀리는 경우에 사용한다. 비슷한 어로 '解れる(풀리다)'가 있다

[例]

❶ 縫い目は綻びないように、しっかり縢っておくことだ。

꿰맨 자리는 풀어지지 않도록 확실히 감아둬야 한다.

❷ 縁のところがところどころ綻びているだけじゃないか。

가장자리 부분이 군데군데 풀어져 있을 뿐이지 않은가.

❸ プレゼントを渡すと、先生の怖い顔が思わず綻びた。

선물을 건네주자 선생님의 무서운 얼굴이 뜻밖에 풀어졌다.

❹ 弟は伸び盛りの上、活発なせいか、すぐに服が綻びてくる。

동생은 한창 자랄 때인데다 활발한 탓인지 바로 옷이 해어진다.

❺ 固かった梅の蕾も、ここ二、三日の暖かさで、ようやく綻び始めた。

닫혀있던 매화봉오리도 요 2, 3일 따뜻하여 드디어 꽃망울이 벌어지기 시작했다.

089 》》》 穿る/穿る □□□□

意 ㊐ ①つついて小さな穴を開ける，中の物を掻き出す　②しつこく追及する

㊙ ① 파내다, 캐다, 후비다　② 파헤치다, 추궁하다

用 穿る/穿る는 '土を穿る(흙을 파다)', '鼻を穿る(코를 후비다)', '粗·事件を穿る(단점·사건을 파헤치다)' 처럼, 작은 구멍을 파거나 귀나 코를 후비거나, 숨겨진 것을 파헤치는 경우에 사용한다.

例

❶ 人の粗を穿るような真似は感心しない。
다른 사람의 단점을 파헤치는 짓은 탐탁지 않다.

❷ 男の子は庭の土を穿り、虫を探していた。
남자아이는 마당의 땅을 파헤쳐 벌레를 찾고 있었다.

❸ 人前で鼻くそを穿るのは止した方がいい。
다른 사람 앞에서 코를 후비는 것은 멈추는 것이 좋다.

❹ 刑事は事件の手がかりを探すためにあちこちを穿って歩いた。
형사는 사건의 단서를 찾기 위해 이곳저곳을 캐고 다녔다.

❺ 私は食事の後私の前で楊枝で歯を穿る彼が気にいらなかった。
나는 식사 후 내 앞에서 이쑤시개로 이를 쑤시는 그가 마음에 안 들었다.

❻ 重箱の隅を穿るような君のやり方では部下の人たちはたまらないだろう。
사소한 일에 참견하는 그런 너의 방식으로는 부하 직원들은 못 견딜 것이다.

090 ＞＞＞ ほったらかす

意 ⓐ そのままにしておく，放っておく

　　　ⓚ 내팽개치다, 방치하다

用 ほったらかすは'自転車をほったらかす(자전거를 방치하다)', '商売をほったらかす
　　(장사를 뒷전으로 하다)', '宿題をほったらかす(숙제를 내팽겨치다)'처럼, 무언가를
　　방치하거나 내팽겨치는 경우에 사용한다. 'ほったらかし', 'ほったらかしにする(방치
　　하다)'처럼 명사형으로도 사용한다.

例

❶ 服なんか、もう、どうでもいい、ほったらかして逃げようと思った。
옷 따위 이제 아무래도 좋고 내팽겨치고 도망가려고 생각했다.

❷ 自転車を路上にほったらかしておいたら、夜のうちに盗まれてしまった。
자전거를 길에 방치해 두었더니 밤사이에 도둑맞고 말았다.

❸ 宿題をほったらかして遊び回っているうちに、とうとう夏休みも終わった。
숙제를 내팽개치고 놀러 다니는 사이에 드디어 여름방학도 끝났다.

❹ 私のような人間はほったらかしておくと、何をするか自分でも分からない。
나 같은 인간은 방치해 두면 무엇을 할지 자신도 모른다.

❺ 普段は人が住んでいないような、ほったらかしの雰囲気が漂っている。
평상시는 사람이 살고 있지 않은 듯한 방치된 분위기가 감돌고 있다.

❻ 長い間ほったらかしにしていたが、ふと思いだし、完成させることにした。
오랫동안 방치하고 있었는데 문득 생각이나 완성시키기로 했다.

091 》》》 解れる（ほつれる） □□□□

意 ㊐ 髪の毛や布地などの端がばらばらになる

㊗ 풀리다, 헤지다

用 解れる는 '袖口が解れる(소매 끝이 헤지다)', '縫い目が解れる(꿰맨 곳이 풀리다)'처럼, 머리가 풀리거나 천의 가장자리나 옷의 꿰맨 자리가 헤지거나 풀리는 경우에 사용한다.

例

❶ 彼女の髪の毛がお客の首の辺りに解れる。
그녀의 머리카락이 손님 목 언저리에 풀린다.

❷ 織物が解れるように少しずつ、少しずつ薄らいでいく。
직물이 풀리듯이 조금씩 조금씩 엷어져 간다.

❸ ずっと虚勢を張って生きてきたから、一度解れると脆かったんだ。
쭉 허세를 부리며 살아왔기 때문에, 한 번 풀어지면 약했다.

❹ 腐らず朽ちず、古くなっても、色褪せ、縫目が解れるのみである。
썩지도 삭지도 않고 오래돼도 색이 바래고 꿰맨 자리가 풀릴 뿐이다.

❺ 女は帯に挟んできた手拭いを抜いて潮風に解れる髪を上げて鉢巻した。
여자는 허리띠에 껴 온 수건을 빼내 바닷바람에 날리는 머리를 쓸어올려 동여맸다.

092 火照る

意 日 顔や体が熱くなる

韓 화끈해지다, 후끈거리다, 달아오르다

用 火照るは '顔・体・頬・耳が火照る(얼굴·몸·볼·귀가 화근거리다/달아오르다)'처럼,
얼굴이나 몸 등 달아오르는 경우에 사용한다.

例

❶ 弟の顔は高熱で火照り、見るからに苦しそうだった。

남동생 얼굴은 고열로 달아올라 보기에도 괴로운 것 같았다.

❷ 真冬でも一生懸命運動した後は体がぽかぽかと火照る。

한겨울이라도 열심히 운동한 후는 몸이 후끈후끈 달아오른다.

❸ 学校を出る頃には夕焼け空も、もう火照りが消えかかっていた。

학교를 나올 무렵에는 노을 진 하늘도 이미 열기가 사라지려 하고 있었다.

❹ 風の冷たい外から急に暖かい家に入ると、頬や耳がかっかと火照ってくる。

바람이 찬 밖에서 갑자기 따뜻한 집으로 들어가면 볼이랑 귀가 후끈 달아오른다.

❺ その人の前で知っているふりをしたことを思い出すと、顔が火照るほど恥ずかしかった。

그 사람 앞에서 아는 척했던 것을 생각하니 얼굴이 화끈거릴 정도로 부끄러웠다.

093 〉〉〉〉 解く (ほど)

□□□□

[意] 圓 結んであるもの、縫ってあるもの、縺れたものなどを解き放す，解く

㉔ 풀다

[用] 解くは '糸・帯・鎖・結び目を解く(실·허리띠·쇠사슬·매듭을 풀다)'처럼, 실이나 끈, 띠 등 묶여 있거나 얽혀 있는 것을 푸는 경우에 사용한다.

[例]

❶ 縺れた糸を解くのは、ぼく案外うまい。
얽힌 실을 푸는 것은 나 의외로 잘한다.

❷ 着慣れない着物だったので、きつい帯を解いたら体がすうっとした。
잘 입지 않는 키모노여서 꽉 조인 허리띠를 풀자 몸이 후련했다.

❸ 時々は犬も鎖を解いて庭に放してやらないとかわいそうだ。
때때로는 개도 목줄을 풀어 마당에 놓아주지 않으면 불쌍하다.

❹ ふろしきの結び目が固くて私は解けないから、お母さん、解いてちょうだい。
보자기의 매듭이 단단하여 나는 못 풀겠으니 엄마 풀어주세요.

❺ 編み物に挑戦した姉は少し編んでは解くので、なかなかセーターが編み上がらない。
뜨개에 도전한 누나는 조금 짜고는 풀어서 좀처럼 스웨터가 짜지지 않는다.

094 >>> 施す _{ほどこ} □□□□

意

⑤ ①恵まれない人たちに慈善的行為をする，金品を与える，恵む，授ける ②肥料を与える ③備え付ける，設置する ④行う ⑤装飾的要素を付け加える ⑥名誉·体面を保つ

㉛ ①베풀다, 주다 ②씨앗·비료 등을 뿌리다 ③설치하다 ④강구하다 ⑤장식 등을 더하다 ⑥면목을 세우다

用

施すは '食べ物を施す(먹을 것을 주다)', '金を施す(돈을 주다)', '慈悲を施す(자비를 베풀다)', '肥料を施す(비료를 주다)', '加工を施す(가공하다)', '装置を施す(장치를 설치하다)', '手当てを施す(응급처치 하다)', '策を施す(방책을 강구하다)', '面目を施す(면목을 세우다)'처럼, 시혜를 베풀어 주거나 비료를 주거나 무언가를 설치하거나 행하는 경우에 사용한다.

例

❶ 弟の宿題を解決してやって兄としての面目を施した。
동생의 숙제를 해결해 주고 형으로서의 면목을 세웠다.

❷ 金持ちのこの男は一度も貧しい人にお金を施したことなどなかった。
부자인 이 남자는 한 번도 가난한 사람에게 돈을 준 적 따위 없었다.

❸ お腹を空かした見すぼらしい老人に娘は自分の一切れのパンを施してやった。
굶주린 초라한 노인에게 딸은 자신의 한 조각 빵을 떼어 주었다.

❹ 汚れた川をこのまま放っておくわけにはいかないから、何らかの策を施す必要がある。
오염된 강을 이대로 방치해 둘 수는 없으니, 무언가 대책을 강구할 필요가 있다.

❺ きっと仏様が独りぼっちになったお前を憐れに思って慈悲を施してく

ださったに違いない。

필시 부처님이 외톨이가 된 너를 가련히 여겨 자비를 베풀어 주셨음에 틀림없다.

095 >>> 迸る（ほとばしる）

意

㊠ 激しく噴き出す，勢いよく飛び散る

㊪ 뿜어 나오다, 용솟음치다

用 迸る는 '水·血·情熱が迸る(물·피가 뿜어 나오다)', '情熱が迸る(정열이 용솟음치다)'처럼, 액체가 분출하거나 용솟음치는 경우에 사용한다.

例

❶ 彼女の迸るような情熱がクラス全員を動かしたのだ。
그녀의 들끓는 듯한 정열이 반 전원을 움직인 것이다.

❷ 破裂した水道管から迸る水で付近は水浸しとなった。
파열된 수도관에서 솟구치는 물로 부근은 물바다가 되었다.

❸ ナイフで切った指先からは血が迸るように噴き出している。
칼에 베인 손가락 끝에서는 피가 용솟음치듯 솟구쳐 나오고 있다.

❹ 運動場いっぱいに繰り広げられる色々な競技に若き血が迸る。
운동장 가득 펼쳐지는 여러 경기에 젊은 피가 용솟음친다.

❺ 体の中に燃え滾るものが噴き出たように歌が口をついて迸り出た。
몸 안에 끓어 타오르는 것이 튀어나온 듯이 노래가 입을 타고 튀어나왔다.

096 >>>> ぼやける □□□□

意
- ⓐ はっきりしなくなる，ぼんやりする，ぼける

- ⓚ 아련해지다, 멍해지다, 흐릿해지다

用 ぼやける는 '物・視野・視界・世界・風景がぼやける(사물・시야・시계・세계・풍경이 흐릿해지다)', 'ピントがぼやける(초점이 안 맞다)', '色がぼやける(색이 바래다)', '記憶がぼやける(기억이 희미하다)', '頭がぼやける(머리가 멍하다)', '話の焦点がぼやける(이야기의 초점이 흐리다)'처럼, 물체가 흐려지거나 희미해지거나 정신이 흐릿해지는 경우에 사용한다.

例

❶ 霞で白くぼやけた京都の町並みは非常に美しいものだった。
안개로 하얗고 흐릿한 쿄토 거리는 대단히 아름다웠다.

父は最近、物がぼやけて見えるとかで、眼鏡をかけるようになった。
아버지는 최근 물건이 흐릿하게 보인다며 안경을 쓰게 되었다.

❷ 画面はぼやけていて登場人物がかろうじてわかるという程度であった。
화면은 흐릿해져 있어서 등장인물을 겨우 알 수 있는 정도였다.

❸ あんなに鮮やかだった柄も洗濯のしすぎでだいぶ色がぼやけてしまった。
그토록 화사했던 무늬도 세탁을 너무 많이 해서 상당히 색이 바랬다.

❹ ずいぶん昔のことだからといって、記憶がぼやけてしまったわけではない。
아주 옛날 일이라고 해서 기억이 흐릿해져 버린 것은 아니다.

寝不足で頭がぼやけていたのか、母が何と言ったか全然覚えていない。

수면 부족으로 머리가 멍했던지 어머니가 뭐라 했는지 전혀 기억나지 않는다.

⑤ 途中で具体例を入れすぎたために、かえって話の焦点がぼやけてしまった。

도중에 구체적인 예를 너무 많이 들어 오히려 이야기의 초점이 흐려져 버렸다.

弟が撮った写真はピントがぼやけていて、はっきり写っているのは一枚もなかった。

동생이 찍은 사진은 핀트가 맞지 않아 제대로 찍힌 것은 한 장도 없었다.

097 >>> 賄う

[意] ㊙ ①食事を整えて出す　②何とか用を足す，間に合わせる，やりくりする，切り盛りする

㊙ ①식사를 마련해내다, 식사를 대다　②꾸려가다, 꾸리다, 조달하다

[用] 賄うは‘生活を賄う(생활을 꾸리다)’, ‘学費を賄う(학비를 마련하다)’, ‘労役·小遣いで賄う(용돈·노역으로 조달하다)’처럼, 식사를 마련하거나 자금이나 생활 등을 꾸리거나 조달하는 경우에 사용한다.

[例]

❶ 下宿の学生十人を賄う食料は相当な量になる。
하숙 학생 열 명을 먹이는 음식물은 상당한 양이 된다.

❷ 一家七人の生活を父の働きで賄わなければならない。
일곱 명인 가족의 생활을 아버지의 수입으로 꾸려가야 한다.

❸ 彼女は学費を賄うために休みの間ずっとアルバイトをした。
그녀는 학비를 마련하기 위해 방학 내내 아르바이트를 했다.

❹ 昔この工事の費用の三分の一は領民の労役で賄われた。
옛날 이 공사 비용의 3분의 1은 영민의 노역으로 조달되었다.

❺ うちの子には、ほしい物は自分の小遣いで賄うようにさせている。
우리 아이에게는 갖고 싶은 것은 자신의 용돈으로 마련하게 하고 있다.

098 >>>> 紛れる/紛らす □□□□

[紛れる]

[意]

㈰ ①入り混じって区別が付かなくなる，似通っていて区別が付かなくなる　②他と見分けの付かない状況や混雑にうまく乗じる　③他のことに気を取られて疎かになる　④他のことに心が移って忘れる

㉓ ①뒤섞여 눈에 띄지 않게 되다，혼동되다，헷갈리다　②기화로 삼다，틈타다　③정신이 팔려 소홀해지다　④잊혀지다

[用]

紛れるは‘人込みに紛れる(붐비는 사람 속에 분간이 안 가다)’, ‘がらくたに紛れる(잡동사니에 섞이다)’, ‘闇·騒ぎ·どさくさに紛れる(어둠·소동·혼잡한 틈을 틈타다)’, ‘寂しさが紛れる(외로움이 잊혀지다)’, ‘気が紛れる(생각이 잊혀지다)’처럼, 섞이거나 비슷하여 분간이 안 가거나 그것을 기화로 삼거나, 마음을 빼앗겨 소홀해지거나 잊는 경우에 사용한다.

[例]

❶ 火事騒ぎのどさくさに紛れて男は高価な宝石を盗み出した。
화재소동의 혼잡한 틈을 타서, 남자는 고가의 보석을 훔쳐냈다.

❷ 焼け跡の中のがらくたに紛れて一人の子供が蹲っていた。
불탄 자리 속의 잡동사니에 섞여서 아이 하나가 웅크리고 있었다.

❸ すりを追いかけたが、日曜日の人込みに紛れて見失ってしまった。
소매치기를 뒤쫓았지만, 일요일의 붐비는 사람 속에 섞여 놓쳐 버렸다.

❹ 子犬を飼うようになれば、寂しさも紛れるし、子供たちも喜ぶだろう。
강아지를 기르게 되면 외로움도 잊혀지고 아이들도 기뻐할 것이다.

⑤ 真夜中、闇に紛れてどろぼうが忍び込み、馬を盗み出して逃げ去った。

한밤중에 어둠을 틈타 도둑이 몰래 들어와 말을 훔쳐내 달아났다.

⑥ いやなことがある時はレコードを聴いたり、スポーツをやったりすると気が紛れる。

싫은 일이 있을 때는 음악을 듣거나 운동을 하거나 하면 생각이 잊혀진다.

[紛らす]

[意] ⑧ 他のものと混同させてそれと分からなくする，他に気持ちを向けて気分が晴れるようにする

⑨ 헷갈리게 하다, 얼버무리다, 달래다

[用] 紛らすは '気を紛らす(기분을 달래다)', '退屈を紛らす(지루함을 달래다)', '冗談に紛らす(농담으로 얼버무리다)', '酒に紛らす(술로 달래다)', '悲しさを紛らわす(슬픔을 달래다)'처럼, 대상을 헷갈리게 하거나 마음 등을 달래거나 얼버무리는 경우에 사용한다. '紛らわす'로도 사용한다.

[例]

❶ それから私は悲しみを酒に紛らすようになった。

그 뒤로 난 슬픔을 술로 달래게 되었다.

❷ 退屈を紛らそうと、近くの映画館を覗きに出かけた。

지루함을 달래려고 근처 영화관을 들러 보러 나갔다.

❸ その場は冗談に紛らしたけれど、悔しくてしかたがなかった。

그때는 농담으로 얼버무렸지만 분해서 어쩔 수 없었다.

❹ 恋人と別れた悲しさを紛らわすために、青年は一心に仕事に取り組んだ。

연인과 헤어진 슬픔을 달래기 위해 청년은 열심히 일에 몰두했다.

❺ 父の手術が終わるまでの間、母は気を紛らそうと、ずっと編み物をしていた。

아버지의 수술이 끝날 동안 어머니는 기분을 달래려고 쭉 뜨개질을 하고 있었다.

099 >>> 捲る　まく　□□□□

意　🇯🇵 ① 覆っている物を端から巻いて上へ上げる，覆っている物を剥がす，捲る
② 勢いよくその動作を行う，その動作をずっと続ける

🇰🇷 ① 걷다, 걷어 올리다, 벗기다, 넘기다　② 계속 ~하다, 마구 ~하다

用　捲る는 '袖を捲る(소매를 걷다)', '腕を捲る(팔을 걷어 올리다)', '布団を捲り上げる
(이불을 걷어 올리다)'처럼, 옷 등을 걷어 올리거나 벗기거나 넘기는 경우에 사용한다.
'殺しまくる(마구 죽이다)', '喋りまくる(계속 떠들어대다)'처럼 동사 연용형에 접속하
여 마구 또는 계속 무언가를 하는 경우에도, '尻を捲る(반항적, 도전적 태도로 나오다)'
와 같은 관용어로도 사용된다.

例

❶ 浴衣の腕を捲って歩いている青年が剣道部の主将だ。
유까따의 팔을 걷어 올리고 걷고 있는 청년이 검도부의 주장이다.

❷ 今日は暑いので、シャツの袖を捲って歩いている人が多い。
오늘은 더워서 셔츠의 소매를 걷고 걸어 다니는 사람이 많다.

❸ 彼は自分の非を責められると、すぐ尻を捲って喧嘩腰になる。
그는 자신의 부정을 추궁받자 곧바로 반항적인 태도로 싸우려 든다.

❹ 兄は飛び起きて布団を捲り上げ、ズボンを履くと、すぐトイレへ行く。
형은 벌떡 일어나 이불을 걷어 올리고 바지를 입고 바로 화장실로 간다.

❺ 相手に向かって勝手気ままに喋りまくるのは対話とは言わない。
상대를 향해서 제멋대로 계속 떠들어대는 것은 대화라고는 할 수 없다.

❻ 大げさに捲れるスカートを押さえ、中味を晒すのを命がけで阻止した。
요란스레 걷히는 스커트를 잡고 안을 드러내는 것을 목숨을 걸고 저지했다.

100 >>> まごつく

意 　📘 不慣れなために迷ってうろうろする，当惑してまごまごする

　🇰🇷 당황하다, 망설이다

用 　まごつく 는 'ガイドがまごつく(가이드가 당황하다)', '噂にまごつく(소문에 당황하다)'
처럼, 어떤 일이나 상황에 당황하거나 망설이는 경우에 사용한다.

例

① 根拠のない噂に騙されて、まごついた経験がある。
근거 없는 소문에 속아서 당황한 경험이 있다.

② 新しいお母さんがやって来た日、子供たちは、ちょっとまごついた
顔をした。
새엄마가 온 날 어린이들은 약간 당황한 얼굴이었다.

③ 初めての経験なので、何をどうやったらよいのか分からず、まごつい
てばかりいた。
첫 경험이어서 무엇을 어떻게 하면 좋을지 몰라 당황하고만 있었다.

④ 山のガイドも、ちょっとまごついて、どこかへ行ってしまったくらいの
山奥だった。
산의 가이드도 좀 당황해서 어딘가로 가버렸을 정도의 깊은 산속이었다.

⑤ 数年ぶりにその町を訪れたが、駅前の様子の変わりように、すっか
りまごついてしまった。
몇 년 만에 그 마을을 방문했는데 역 앞 모습의 변화에 굉장히 당황하고 말았다.

101 >>> まさぐる　□□□□

意　🇯🇵 ① 手先を動かして探る　② 指先で弄る, 弄ぶ

　　🇰🇷 ① 더듬어 찾다, 더듬다　② 만지작거리다

用　まさぐるは 'ポケット・数珠をまさぐる(주머니・염주를 만지작거리다)', '前足でまさぐる (앞발로 만지작거리다)', '記憶をまさぐる(기억을 더듬다)'처럼, 손으로 만지작거리거나 더듬어 찾는 경우에 사용한다.

例

❶ 猫がまだ熱い煮魚をちょいちょいと前足でまさぐっている。
고양이가 아직 뜨거운 조린 생선을 조금씩 앞발로 만지작거리고 있다.

❷ 私は自分の記憶をまさぐって、その女のことを思い出そうとした。
나는 자신의 기억을 더듬어 그 여자에 대해 생각해 내려 했다.

❸ 手と足で前方の闇をまさぐりながら、そろそろと洞穴を進んでいく。
손과 발로 전방의 어둠을 더듬으면서 천천히 동굴을 진행해 들어간다.

❹ お婆さんは仏壇の前に座り、数珠をまさぐりながら祈り続けている。
할머니는 불단 앞에 앉아 염주를 만지작거리면서 계속 기도하고 있다.

❺ ポケットをまさぐり、手持ちのお金で足りるかを確かめてから店に入った。
주머니를 만지작거리며 가진 돈으로 충분한지를 확인하고 나서 가게에 들어갔다.

102))) 勝る（まさ） □□□□

意

⊞ 他（ほか）と比（くら）べて上（うえ）である，優（すぐ）れている

㋖ 낫다, 뛰어나다, 우수하다

用

勝（まさ）るは '何物（なにもの）にも勝（まさ）る(무엇보다 우수하다)', '友情（ゆうじょう）に勝（まさ）る(우정보다 낫다)', '言葉（こと ば）・文章（ぶんしょう）に勝（まさ）る(말·문장이 뛰어나다)', '性能（せいのう）・力（ちから）が勝（まさ）る(성능·힘이 우수하다)', 'スポーツに勝（まさ）る楽（たの）しみはない(스포츠보다 나은 즐거움은 없다)', '聞（き）きしに勝（まさ）る(소문보다 훨씬 낫다)', '勝（まさ）るとも劣（おと）らない(나으면 낫지 못하지 않다)' 처럼, 타에 비해 우수하거나 뛰어나거나 나은 경우에 사용한다.

例

❶ われわれ若者（わかもの）にとって友情（ゆうじょう）に勝（まさ）るものはない。
우리들 젊은이들에 있어 우정보다 나은 것은 없다.

❷ 弟（おとうと）の方（ほう）も兄（あに）に勝（まさ）るとも劣（おと）らない勇敢（ゆうかん）な若者（わかもの）だった。
동생 쪽도 형보다 나으면 낫지 못하지 않은 용감한 젊은이였다.

❸ 万里（ばんり）の長城（ちょうじょう）の聞（き）きしに勝（まさ）る壮大（そうだい）さに私（わたし）は圧倒（あっとう）された。
만리장성의 소문보다 훨씬 나은 장대함에 나는 압도당했다.

❹ 日本（にほん）の自動車（じどうしゃ）は性能（せいのう）の点（てん）においては欧米（おうべい）の車（くるま）に勝（まさ）っている。
일본 자동차는 성능 면에 있어서는, 구미의 자동차보다 우수하다.

❺ パスカルは考（かんが）えるという能力（のうりょく）を何物（なにもの）にも勝（まさ）る人間（にんげん）の特性（とくせい）だと考（かんが）えた。
파스칼은 생각한다는 능력을 무엇보다도 뛰어난 인간의 특성이라고 생각했다.

103 ⟫⟫⟫ 交える/交わる □□□□

[交える]

[意]
🔒 ① 他のものを加え入れる、いっしょに含める ② 互いに組み合うようにする、
交差させる ③ 相手とやりあう、取り交わす、交す

🔄 ① 섞다, 포함하다 ② 교차시키다 ③ 맞대다, 주고받다

[用]
交えるは ʻ土砂・雪を交えた(토사·눈을 포함하다)ʼ, ʻ先生を交える(선생님을 포함하
다)ʼ, ʻ漢字と仮名を交える(한자와 가나를 섞다)ʼ, ʻエピソード・皮肉・感情を交える
(에피소드·야유·감정을 섞다)ʼ, ʻ一戦を交える(일전을 벌이다)ʼ, ʻ砲火を交える(교전
하다)ʼ, ʻ膝を交える(무릎을 맞대다)ʼ, ʻ言葉を交える(말을 주고받다)ʼ처럼, 무언가를
섞거나 포함하거나, 맞대거나 주고받는 경우에 사용한다.

[例]

[交える]

❶ 怖じ気づいた敵軍は一戦も交えずに逃げ帰った。
겁이 난 적군은 일전을 벌이지도 않고 도망갔다.

❷ 好き嫌いの感情を交えずに友達とは公平に付き合いたい。
싫고 좋은 감정을 섞지 않고 친구와는 공평히 사귀고 싶다.

❸ 大雨で山の麓の町や村に土砂を交えた恐ろしい洪水が起こった。
큰비로 산기슭의 마을에 토사를 포함한 무서운 홍수가 일어났다.

❹ 土曜日の放課後、先生も交えてクラス全員でソフトボールをやった。
토요일 방과 후 선생님도 함께 반 전원이 소프트볼을 했다.

⑤ 当時の庶民の生活が軽妙な皮肉を交えてユーモラスに描かれている。
당시의 서민 생활이 경쾌하고 묘한 야유를 섞어 유머러스하게 묘사되어 있다.

⑥ 会ではチームの今後について、ざっくばらんに部員全員、膝を交えて話し合った。
미팅에서는 팀의 미래에 관해 털어놓고 부원 전원이 무릎을 맞대고 이야기했다.

[交わる]

意　日 ① 線状のものが交差する　② 人とつき合う, 交際する　③ 肉体関係をもつ

　　　 韓 ① 뒤섞이다, 교차하다　② 교제하다　③ 관계를 갖다

用　交わるは '網の目のように交わる(그물코와 같이 교차하다)', '道路が交わる(도로가 교차하다)', '物と物が交わる(물건과 물건이 교차하다)', '友達と交わる(친구와 사귀다)', '朱に交われば赤くなる(근묵자흑)'처럼, 서로 뒤섞이거나 교차하거나 사람과 교제하는 경우에 사용한다.

例

① 二本の対角線が互いに垂直に交わる四角形は何か。
2줄의 대각선이 서로 수직으로 교차하는 대각선은 무엇인가.

② 土の中に伸びた竹の根は網の目のように交わっている。
땅 안에 뻗은 대나무 뿌리는 그물코처럼 교차하고 있다.

③ 内気で大人しい彼女はなかなかクラスの友達と交わろうとしなかった。
내향적이고 얌전한 그녀는 좀처럼 반 친구들과 사귀려고 하지 않았다.

❹ 高速道路は道路が立体的に交わっているので、車の流れがスムーズだ。

고속도로는 도로가 입체적으로 교차하고 있어서 차의 흐름이 원활하다.

❺ 朱に交われば赤くなるというから、よくない仲間と付き合いだした彼の
ことが心配だ。

근묵자흑이라고 하니, 좋지 않을 친구와 사귀기 시작한 그의 일이 걱정이다.

105 >>>> 跨ぐ/跨る

[跨ぐ]

[意] 🗾 ①股を開いて越える　②橋がある物の上を越えて一方から他方に至る

🇰🇷 ①가랑이를 벌리고 넘다　②다리가 걸치다

[用] 跨ぐは、'人・敷居・手すり・柵・水たまりを跨ぐ(사람·문지방·난간·울타리·웅덩이를 넘다)'처럼, 가랑이를 벌리고 대상을 넘거나 다리 등이 걸치는 경우에 사용한다.

[例]

❶ 寝ている人を跨ぐものではない。
자고 있는 사람을 넘는 것이 아니다.

❷ あんな男に二度とこの家の敷居を跨がせるものか。
저런 남자에게 두 번 다시 이 집 문지방을 넘게 하나 봐라.

❸ 大きな水たまりを跨ぎそこねて靴が汚れてしまった。
큰 웅덩이를 잘못 넘어서 신발이 더러워져 버렸다.

❹ 柵は跨いで行けるぐらいの高さだから、中へ入るのは何でもなかった。
울타리는 넘어갈 수 있을 정도의 높이여서 안으로 들어가는 것은 간단했다.

❺ 始業のベルが鳴ったので、腰掛けを跨いですぐに自分の席に着いた。
업무시작의 벨이 울려서 의자를 넘어 곧바로 자기 자리에 앉았다.

❻ 幼い子どもがベランダの手すりを跨いで転落し、死ぬという事故が
相次いだ。
어린아이가 베란다의 난간을 넘어 굴러떨어져 죽는 사고가 잇따랐다.

[跨る]

[意] ⑪ ①股を開いて両足で乗る　②時間的·空間的に一方から他方に至る, 渡る

　　　⑰ ①다리를 벌리고 올라타다　② 시간·공간에 걸치다

[用] 跨るは '馬·自転車·枝に跨る(말·자전거·가지에 올라타다)', '三県·五年·二語に 跨る(세 현·오 년·두 말에 걸치다)'처럼, 무언가에 올라타거나 시간이나 장소에 걸치 는 경우에 사용한다.

[例]

❶ 市の緑化計画は五年に跨る大事業だ。
시의 녹화 계획은 5년에 걸치는 대사업이다.

❷ ここは三県に跨る日本最大の湿原である。
여기는 세 현에 걸치는 일본 최대의 습원이다.

❸ 少年は白馬に跨り、草原を風のように駆けめぐった。
소년은 백마에 올라타 초원을 바람처럼 뛰어다녔다.

❹ 庭の木に登って枝に跨ると、ちょうど軒先にある燕の巣と同じ高さになる。
뜰의 나무에 올라 가지에 걸치면 딱 처마 끝에 있는 제비 둥지와 같은 높이가 된다.

❺ 若者たちが自転車に跨って一群の鳥のように慌ただしく飛び去って 行った。
젊은이들이 자전거에 올라타 한 무리의 새처럼 분주히 날아서 떠나갔다.

❻ 「々」は民主主義·会社社長などのような複合語の場合、二語に 跨っては使わない。
'노마'는 민주주의·회사사장 등과 같은 복합어의 경우 두 단어에 걸쳐서는 쓰지 않는다.

【意】 ⑧ ①絡み付く（から） ②絡み付くようにして離れない、付き纏う（から・はな・つ・まと・から） ③深く関連する、絡む（ふか・かんれん・から）

⑨ ① 엉겨 붙다, 달라붙다   ② 따라다니다   ③ 얽히다, 관련되다

【用】 纏わるは'蔓が纏わる（덩굴풀이 엉겨 붙다）'、'子が母に纏わる（아이가 엄마에게 붙（つる・まつ・こ・はは・まつ）어있다）'、'戦争に纏わる体験（전쟁에 관련된 체험）'、'橋に纏わる伝説（다리에 얽힌（せんそう・まつ・たいけん・はし・まつ・でんせつ）전설）'처럼, 엉겨 붙거나 달라붙거나 따라다니거나 얽혀 관련되는 경우에 사용한다.

【例】

❶ 幼児は一日中、母親に纏わりついている。（ようじ・いちにちじゅう・ははおや・まつ）
유아는 하루종일 엄마에 달라붙어 있다.

❷ 土地の人から、この橋に纏わる伝説を聞いた。（とち・ひと・はし・まつ・でんせつ・き）
그 지방 사람으로부터 이 다리에 얽힌 전설을 들었다.

❸ 夏になると、蔓草が塀や細かい木に纏わりながら、どんどん伸びていく。（なつ・つるくさ・へい・こま・き・まつ・の）
여름이 되면 덩굴풀이 벽이나 가는 나무에 엉겨 붙으면서 점점 뻗어간다.

❹ 朝礼の時、校長先生がしてくださった校名に纏わる話は印象深い（ちょうれい・とき・こうちょうせんせい・こうめい・まつ・はなし・いんしょうぶか）

ものだった。
조례 때 교장 선생님이 해주신 교명에 관련된 이야기는 인상 깊었었다.

❺ 戦争に纏わる体験を読んだり聞いたりしたことがあったら、お互いに（せんそう・まつ・たいけん・よ・き・たが）

紹介し合おう。（しょうかい・あ）
전쟁에 얽힌 체험을 읽거나 듣거나 한 적이 있으면 서로 소개하자.

106 全うする

意 🔵 完全に成し遂げる, 完全に果たす

🔵 완수하다, 다하다

用 全うするは '命・人生を全うする(목숨·인생을 다하다)', '役割・航海を全う(역할·항해를 완수하다)'처럼, 목표를 완수하거나 역할이나 행동을 다하는 경우에 사용한다.

例

❶ 私は信仰の道に入ってそこで命を全うしたくなった。
나는 신앙의 길에 들어가 거기에서 목숨을 다하고 싶어졌다.

❷ ところが後になってみると、この二隻とも航海を全うしなかったのだ。
그런데 나중에 보니 이 두 척 모두 항해를 완수하지 않았다.

❸ 私が非難を顧みずに国権を全うしようとする本心もここにあるのだ。
내가 비난을 돌아보지 않고 국권을 완수하려고 하는 본심도 여기에 있다.

❹ 現役晩年は代打に役割が変わっても与えられたその役割を全うした。
현역 만년에는 대타로 역할이 바뀌어도 주어진 그 역할을 완수했다.

❺ その場その場の問題を片付け続けることで人生を全うする者がほとんどだろう。
그때그때의 문제를 계속 해결하는 것으로 인생을 다하는 자가 대부분일 것이다.

107 »»» 纏う（まとう） □□□□

意 　Ⓙ 身(み)につける, 着(き)る

　　　Ⓚ 걸치다, 입다, 두르다

用 　纏うは'コート·ぼろを纏う(코트·누더기를 입다)', '身(み)に纏う(몸에 걸치다)', '一糸纏わ(いっしまと)ぬ(실오라기 하나 안 걸치다)'처럼, 옷을 걸치거나 입는 경우에 사용한다. 복합어로 '付(つ)き纏(まと)う(따라 다니다)'가 있다.

例

❶ 身(み)にぼろを纏(まと)ってはいても心(こころ)の中(なか)は希望(きぼう)に燃(も)えていた。
　몸에 누더기를 입고는 있어도 마음속은 희망으로 불타고 있었다.

❷ その小(ちい)さな体(からだ)に纏(まと)う異様(いよう)な雰囲気(ふんいき)に私(わたし)は思(おも)わず息(いき)を呑(の)んだ。
　그 작은 몸에 감도는 이상한 분위기에 나는 나도 모르게 숨을 삼켰다.

❸ 頬(ほお)というものは筋肉(きんにく)だけでなくずいぶんと脂肪(しぼう)を纏(まと)っているらしい。
　볼이라는 것은 근육뿐만 아니라 상당히 지방을 포함하고 있는 것 같다.

❹ いきなり奥(おく)の部屋(へや)から一糸纏(いっしまと)わぬ素(す)っ裸(ぱだか)の男(おとこ)の子(こ)が飛(と)び出(だ)してきた。
　갑자기 안채에서 실오라기 하나 안 걸친 알몸의 남자가 뛰어나왔다.

❺ コートを纏(まと)った男(おとこ)は冷(つめ)たい北風(きたかぜ)に襟(えり)を立(た)て足早(あしばや)に立(た)ち去(さ)っていった。
　코트를 입은 남자는 차가운 북쪽 바람에 옷깃을 세우고 빠른 걸음으로 사라져갔다.

>>> **惑^{まど}う/惑^{まど}わす/戸惑^{とまど}う**　　□□□□

[惑^{まど}う]

[意]

�日 ①道^{みち}や方角^{ほうがく}が分^わからなくてまごつく，迷^{まよ}う　②どうしたらよいか決^きめられなくて苦^{くる}しむ，思^{おも}い惑^{まど}う　③あることに心^{こころ}を奪^{うば}われて分別^{ふんべつ}を失^{うしな}う

㊿ ①길이나 방향을 헤매다, 갈팡질팡하다　②망설이다, 어찌할 바를 모르다　③마음을 빼앗기다, 흐트러지다

[用]

惑^{まど}う는 '道^{みち}に惑^{まど}う(길을 헤매다)', '心^{こころ}が惑^{まど}う(마음이 흐트러지다)', '四十^{よんじゅう}にして惑^{まど}わず(사십에 불혹)'처럼, 길을 헤매거나 어찌해야 할지 몰라 갈팡질팡하거나, 마음이 흐트러지는 경우에 사용한다. '思^{おも}い惑^{まど}う(갈피를 못 잡다)', '逃^にげ惑^{まど}う(도망가려고 허둥대다)'처럼 복합어로도 사용된다.

[例]

❶ 恋^{こい}をした若者^{わかもの}は心惑^{こころまど}って苦^{くる}しい日々^{ひび}を送^{おく}っていた。
사랑에 빠진 젊은이는 마음이 흐트러져 괴로운 나날을 보내고 있었다.

❷ 若^{わか}い日^ひには道^{みち}に惑^{まど}って人生^{じんせい}の目標^{もくひょう}を見失^{みうしな}うことがあった。
젊은 날에는 길을 헤매 인생의 목표를 놓치는 일이 있었다.

❸ 彼^{かれ}の言葉^{ことば}のせいで余計^{よけい}に自分^{じぶん}の心^{こころ}が惑^{まど}っているのが分^わかる。
그의 말 탓에 한층 더 자신의 마음이 갈팡대는 것을 안다.

❹ どこか申^{もう}し訳^{わけ}なさそうな何^{なん}と言葉^{ことば}を継^つげばいいか惑^{まど}う顔^{かお}でこう言^いった。
어딘지 죄송한 듯한 뭐라 말을 이어야 좋을지 당황하는 얼굴로 이렇게 말했다.

❺ 彼^{かれ}は慌^{あわ}てて惑^{まど}う人々^{ひとびと}を案内^{あんない}して人家^{じんか}のある所^{ところ}まで連^つれて行^いってくれた。
그는 당황하여 갈팡대는 사람들을 안내하여 인가가 있는 곳까지 데려다주었다.

⑥ 何も惑うことはなかったのだと彼は嬉しさのあまりに思わず声に出して笑った。

아무것도 망설일 일은 없었다며 그는 기쁜 나머지 그만 소리를 내 웃었다.

[惑わす]

意 ⑧ 正しい判断を失わせて誤った方向へ誘い込む

㉻ 어지럽히다, 유혹하다, 현혹하다, 속이다

用 惑わすは‘人心を惑わす(민심을 어지럽히다)’, ‘青少年を惑わす(청소년을 유혹하다)’, ‘甘い言葉で惑わす(감언이설로 유혹하다)’, ‘外見·巧みな言葉に惑わされる(외견·교묘한 말에 속다, 현혹되다)’처럼, 사람을 혼란스럽게 하거나 현혹하는 경우에 사용한다.

例

① 目先の利益に惑わされて判断を誤らないように注意した。

눈앞의 이익에 현혹되어 판단을 그르치지 않도록 주의했다.

② 政府はこの本を人心を惑わすものとして発売禁止にした。

정부는 이 책을 민심을 어지럽히는 것으로 하여 발매금지시켰다.

③ 彼は今まで甘い言葉で女性を惑わしてお金を騙し取っていた。

그는 지금까지 감언이설로 여성을 현혹하여 돈을 빼앗고 있었다.

④ 人を判断する時、外見に惑わされるなと言うが、なかなか難しい。

사람을 판단할 때 외견에 현혹되지 말라고 하지만 상당히 어렵다.

⑤ セールスマンの巧みな言葉に惑わされて欲しくもないものを買ってしまった。

세일즈맨의 교묘한 말에 속아 원치도 않은 것을 사버렸다.

⑥ 映画作品が健全な青少年を惑わすものかどうかを判断する民間機
関がある。

영화작품이 건전한 청소년을 혼란케 하는 것인지 어떤지를 판단하는 민간기관이 있다.

[戸惑う]

[意] 🗾 どう対処してよいか分からなくて迷う, まごつく

🇰🇷 당혹해하다, 당황하다, 망설이다

[用] 戸惑うは'返事·説明·雰囲気·迷信に戸惑う(대답·설명·분위기·미신에 당혹해하다)'

처럼, 무언가에 당혹해하거나 망설이는 경우에 사용한다.

[例]

❶ 思いがけない誘いを受けた私は返事に戸惑ってしまった。

뜻밖의 권유를 받은 나는 답장에 당혹해하고 말았다.

❷ 試合の予想が当らなかったので、解説者も説明に戸惑った。

시합 예상이 맞지 않아 해설자도 설명에 당혹해했다.

❸ 転校してきた直後は友達もなく方言も分からなくて、ずいぶん戸惑った。

전학 온 직후는 친구도 없고 방언도 몰라서 매우 당황했다.

❹ いつもと違った雰囲気に戸惑いながら、ぼくはみんなの様子を伺っていた。

평소와 다른 분위기에 당황하면서 나는 모두의 상태를 살피고 있었다.

❺ 都会で育った私は島に来たばかりの頃、島民の生活と迷信に戸
惑ったこともあった。

도시에서 자란 나는 섬에 막 왔을 때 섬 주민의 생활과 미신에 당혹한 적도 있었다.

迷う/迷わす/さ迷う

[迷う]

[意]
🇯🇵 ①行くべき道や方向が分からなくなる ②どうしならよいか決められなくなる ③欲望・誘惑に負けて正常な心を失う ④死者の霊が成仏できないでいる

🇰🇷 ① 길·방향을 잃다, 헤매다 ② 갈피를 못 잡다, 망설이다 ③ 평상심을 잃다, 빠지다 ④ 성불하지 못하고 헤매다

[用]
迷うは '道に迷う(길을 잃다/헤매다)', '路頭に迷う(길거리에 나앉다)', '判断に迷う(판단을 못 내리다, 망설이다)', '返答に迷う(대답을 정하지 못하다)', 'なにごとに迷う(어떤 것에 현혹되다)', '死人が迷って出る(죽은 사람이 구천을 헤매며 나타나다)'처럼, 길을 잃거나 망설이거나 유혹 등에 빠지거나 구천을 헤매는 경우에 사용한다.

[例]

❶ 一行は道に迷いながら心細い旅を続けていた。
일행은 길을 헤매면서 불안한 여행을 계속하고 있었다.

❷ 一家の大黒柱を失えば、幼い者たちが路頭に迷う。
일가의 큰 기둥을 잃으면 어린 자들이 길에 나앉는다.

❸ かなり曲がりくねった狭い道で多少時間はかかるが、迷うことはない。
꽤 구불구불한 좁은 길로 다소 시간이 걸리지만 헤맬 일은 없다.

❹ どう言ったら相手の心を傷つけずに済むかと思うと、返答に迷ってしまった。
어떻게 말하면 상대의 마음을 다치게 하지 않고 끝날까 생각하니 대답에 막막했다.

⑤ 真実を教えるべきか否か判断に迷ったが、勇気を出して事実を
告げる決心をした。

진실을 가르쳐야 할지 아닌지 판단에 망설였지만, 용기를 내 사실을 알릴 결심을 했다.

[迷わす]

意 ㊐ 迷うようにする, 惑わす

㊩ 헷갈리게 하다, 미혹시키다, 현혹하다

用 迷わす는 '人を迷わす(사람을 현혹하다)', '心を迷わす(마음을 미혹시키다)', '判断
を迷わす(판단을 흐리다)', '外見に迷わされる(외견에 현혹되다)'처럼, 사람을 현혹
하거나 판단을 흐리게 하는 경우에 사용한다.

例

❶ 甘いことばかり言って人を迷わしてはいけない。

달콤한 말만 해서 사람을 현혹해서는 안 된다 .

❷ 彼女の微笑はいつもぼくの心を迷わす悩みの種だ。

그녀의 미소는 언제나 나의 마음을 흐트러뜨리는 고민의 씨앗이다.

❸ 男にとって酒は気持ちや判断を迷わす元凶になりつつあった。

남자에게서 술은 마음과 판단을 흐리게 하는 원흉이 되고 있다.

❹ あの人はいい加減な人間だから、あまり心を迷わされちゃだめだ。

저 사람은 엉터리 같은 인간이니 너무 마음이 현혹되어서는 안 된다.

❺ しっかり見つめないと、外見に迷わされて内容を誤解する恐れがある。

똑바로 응시하지 않으면 외견에 현혹되어 내용을 오해할 우려가 있다.

[さ迷う]

意 🇯🇵 ①あてもなく迷ってあちこち歩き回る ②一か所に止まらないで行ったり来たりする

🇰🇷 ① 방황하다, 헤매다 ② 갈팡질팡하다, 주저하다

用 さ迷うは'海上・世界・山の中・生死の境をさ迷う(해상・세계・산속・생사의 경계를 헤매다)'처럼, 정처 없이 방황하거나 헤매거나 갈팡질팡하는 경우에 사용한다.

例

❶ 海上をあてもなくさ迷っていた救命ボートが発見された。
바다 위를 정처도 없이 헤매고 있던 구명보트가 발견되었다.

❷ 患者は幻覚の世界をさ迷って訳の分からない言葉を口ばしっていた。
환자는 환각의 세계를 헤매며 영문도 모를 말을 입 밖에 내고 있었다.

❸ 道に迷って何日も山の中をさ迷った中学生が幸い無事に救出された。
길을 잃고 며칠이나 산속을 헤맨 중학생이 다행히 무사히 구출되었다.

❹ ちぎれ雲が風に誘われて漂うように、あてどなくさ迷う人生を送ってみたい。
조각구름이 바람에 이끌려 떠돌 듯이 정처 없이 방황하는 인생을 보내고 싶다.

❺ ぼくは幼い頃、はしかを拗らせて生死の境をさ迷い、両親を心配させたと言う。
나는 어릴 때 홍역이 악화하여 생사의 경계를 헤매 부모를 걱정시켰다고 한다.

110 >>> 微睡む

□□□□

意 ⓙ しばらくの間、浅く眠る，うとうとする

　　 ⓚ 꾸벅꾸벅 졸다, 잠시 졸다

用 微睡むは'日向で微睡む(양지에서 졸다)', '木陰で微睡む(나무 그늘에서 졸다)'처럼, 잠시 꾸벅꾸벅 조는 경우에 사용한다.

例

❶ 最近、祖母は日向で微睡むようにうとうとしていることが多い。
최근에 할머니는 양지에서 조는 것처럼 꾸벅꾸벅하는 일이 많다.

❷ 目を閉じたまま微睡んでいると、顔の前に何か気配を感じた。
눈을 감은 채 졸고 있다가, 얼굴 앞에 무언가 낌새를 느꼈다.

❸ 私は微睡んでいた時に見たのが夢ではなかったことを知った。
나는 졸고 있던 때 본 것이 꿈이 아니었음을 알았다.

❹ 敵の攻撃が途切れた僅かな時間に微睡んで短い休息を取っていた。
적의 공격이 끊긴 아주 적은 시간에 졸며 짧은 휴식을 취했었다.

❺ これまで疲れて眠っていたにしろ、それは微睡んでいたにすぎないのだ。
지금까지 피곤해 잠들어 있었다 해도 그것은 졸고 있던 것에 불과하다.

111 ⟫⟫ 免れる(免れる)

意 ⓐ 好ましくない事態や災難から逃れる

ⓚ (모)면하다, 피하다, 벗어나다

用 免れるは'死・罰・責任を免れる(죽음・죄・책임을 면하다)'처럼, 어떤 사태를 모면하거나 피하는 경우에 사용한다.

例

❶ 過ちを認め、すぐに謝ったので、罰は免れた。

과실을 인정하고 바로 사과했기 때문에 벌은 면했다.

❷ 焼死を免れた者は川に飛び込んで救助の手を待った。

죽음을 모면한 자는 강으로 뛰어들어 구조의 손길을 기다렸다.

❸ 排水が川を汚染したとすれば、工場はその責任を免れない。

배수가 강을 오염시켰다고 하면 공장은 그 책임을 면하지 못 한다.

❹ 個人資産の差し押えを免れるための資産隠しが目的であった。

개인 자산의 압류를 피하기 위한 자산 숨기기가 목적이었다.

❺ 法律には触れないが、一人の女を死なせた責任を免れることはできない。

법률에는 저촉되지 않지만 한 여자를 죽게 한 책임을 면할 수는 없다.

112 間引く □□□□

意 日 ① 作物の一部を抜き取って間隔を空ける ② 本来あるべきものをところどころ省く

韓 ① 솎아내다 ② 사이에 있는 것을 없애다, 줄이다

用 間引くは '苗を間引く(모종을 솎아내다)', '運行を一割間引く(운행을 1할 줄이다)', 'バスを間引いて運転する(버스를 줄여 운전하다)', '乗用車の間引き運転(승용차 부제운행)' 처럼, 농작물을 솎아내거나, 전철 등의 운행을 줄이는 등 원래 있어야 할 것을 줄이는 경우에 사용한다. '間引きする'의 형태로도 사용하며 비슷한 어로 '疎抜く'가 있다.

例

❶ 育ちをよくするためにダイコンの芽を適当な間隔に間引いた。
성장을 좋게 하기 위해 무의 싹을 적당한 간격으로 솎아냈다.

❷ 間引く際は根株を痛めないよう、引き抜かずにハサミで切り取る。
솎아낼 때는 뿌리를 다치지 않도록 뽑아내지 않고 가위로 잘라낸다.

❸ 休日扱いする場合、平日ダイヤから朝夕のバスを間引くことがある。
휴일취급하는 경우 평일 운행에서 아침저녁 버스를 줄이는 일이 있다.

❹ 生長が非常に早く、すぐに増殖するため、まめに間引く必要がある。
생장이 매우 빠르고 바로 증식하기 때문에 부지런히 솎아낼 필요가 있다.

❺ 朝夕のラッシュ時には五分間隔で運転される電車も昼間は間引いて運転される。
아침저녁 러시아워 때는 5분 간격으로 운행되는 전철도 낮에는 줄여서 운행된다.

113 　まぶ　塗す

意

🇯🇵 粉などを全体に万遍なく付ける

🇰🇷 가루 등을 온통 바르다, 가루를 표면 전체에 묻히다, 입히다

用

まぶすは '砂糖・塩・パン粉・黄粉をまぶす(설탕·소금·빵가루·콩가루를 바르다/입히다)' 처럼, 요리에서 식재료에 밀가루나 빵가루 또는 설탕을 겉에 묻히는 경우에 사용한다.

例

❶ 皮付きの種を油で揚げてから塩を塗す方法も一般的である。

껍질이 있는 씨앗을 기름에 튀기고 나서 소금을 묻히는 방법도 일반적이다.

❷ 手の痒みを防ぐには手袋を用いるか、手に重曹や塩を塗すとよい。

손의 가려움을 막는 데에는 장갑을 사용하거나 손에 베이킹소다나 소금을 바르면 좋다.

❸ 豚肉に小麦粉と卵をつけ、パン粉を塗して油で揚げたものがトンカツだ。

돼지고기에 밀가루와 계란을 입히고 빵가루를 묻혀 기름으로 튀긴 것이 돈까스이다.

❹ 闇に身体を塗すようにして、フェンスの向こう側に一人の人物が立っていた。

어둠에 몸을 묻히듯이 하여 펜스 건너 쪽에 한 인물이 서 있었다.

❺ ぼくは誰もいない治療室でギプス用の石膏をガーゼに塗す作業をしていた。

나는 아무도 없는 치료실에서 깁스용 석고를 거즈에 바르는 작업을 하고 있었다.

114 》》》 塗れる □□□□

意 ㊐ あるものが一面にくっついて汚れる

㊥ 더러워지다, …투성이가 되다

用 塗れる는 '汗·血·埃に塗れる(땀·피·먼지 투성이가 되다)', '敗北感に塗れる(패배감에 빠지다)' 처럼, 무언가 전면에 묻거나, 무언가 빠지는 경우에 사용한다.

例

❶ 汗に塗れた病人の体を彼女は優しく拭いてやった。
땀투성이가 된 환자의 몸을 그녀는 친절하게 닦아주었다.

❷ 傷付いた兵士たちは血に塗れ、呻き声を立てていた。
부상 당한 병사들은 피투성이가 되어 신음소리를 내고 있었다.

❸ 田舎道を自転車を走らせ家に着いた時には体中が埃に塗れていた。
시골길을 자전거를 달려 집에 도착했을 때는 온몸이 먼지투성이였다.

❹ 私がその年齢で結婚できないことが逆に後ろめたく敗北感に塗れた。
내가 그 나이에 결혼 못한 것이 거꾸로 떳떳치 못하여 패배감에 빠졌다.

❺ 相手チームは守備、攻撃とも完璧に近く我がチームは一敗地に塗れた。
상대 팀은 수비, 공격 모두 완벽에 가까워 우리 팀은 완패했다.

115 ⟫⟫⟫ 見せびらかす

□□□□

意 ⓙ 自慢そうに見せる

ⓚ 자랑해 보이다, 자랑스럽게 내보이다, 과시하다

用 見せびらかすは '能力·金を見せびらかす(능력·돈을 자랑해 보이다)', '健在を見せびらかす(건재를 과시하다)', '悲しみを見せびらかす(슬픔을 내보이다)'처럼, 무언가를 자랑해 보이거나 과시하거나 드러내는 경우에 사용한다.

例

❶ 競馬で儲けたという大金を男は見せびらかしていた。
경마에서 벌었다는 큰돈을 남자는 자랑해 보이고 있었다.

❷ 彼女はありったけの所帯道具を見せびらかして誇り顔をした。
그녀는 있는 모든 가재도구를 과시하며 자랑스러운 얼굴을 했다.

❸ ぼくは初めて取った百点の答案用紙を家族に見せびらかした。
나는 처음으로 맞은 백점 답안지를 가족에 자랑스럽게 내보였다.

❹ 心にもない悲しみを見せびらかすのが裏切者どもの得意な手なのだ。
마음에도 없는 슬픔을 내보이는 것이 배신자들이 잘하는 수단이다.

❺ 知識や能力はあくまで道具であり、見せびらかすためのものではない。
지식이나 능력은 어디까지나 도구로 과시하기 위한 것이 아니다.

116 〉〉〉 貢ぐ（みつ） □□□□

[意] ㊰ ① 金品を与えて面倒を見る, 暮らしを助ける　② 金品を献上する　③ 金品を捧げる

㊡ ① 금품을 주어 돕다　② 헌상하다, 조공하다　③ 금품을 바치다

[用] 貢ぐ（みつ）는 '品物·金品·財産を貢ぐ（물건·금품·재산을 바치다）', '朝廷に貢ぐ（조정에 헌상하다）', '男に貢ぐ（남자에 바치다）'처럼, 물품을 줘 생활을 돕거나 금품을 헌상하거나 바치는 경우에 사용한다.

[例]

❶ 朝廷に貢ぐ品物はその地方の特産物が多かった。
조정에 바치는 물품은 그 지방의 특산물이 많았다.

❷ 財産を全て貢いで借金まで背負って家庭が崩壊するまでに至った。
재산을 모두 바치고 빚까지 짊어져 가정이 붕괴하기까지에 이르렀다.

❸ 彼がどれほどの金をあの女に貢いでいたのか正確に把握する術はない。
그가 얼마만큼의 돈을 그 여자에게 바치고 있었던 것인지 정확히 파악할 방도가 없다.

❹ 他人に何かを貢ごうとする背景にはそれぞれ何らかの下心があるものだ。
타인에게 무언가를 바치려 하는 배경에는 각각 어떤 속셈이 있는 법이다.

❺ 権力者にせっせと金品を貢いで自分の立場を有利なように謀る人もいる。
권력자에게 열심히 금품을 바쳐 자신의 입장을 유리하도록 꾸미는 사람도 있다.

117 >>> 見舞う みま

意 🇯🇵 ① 病気や災難などに遭った人を訪れて慰める，手紙などで安否を訪ねたり慰めたりする　② 攻撃を加える　③ 災難や不幸に襲われる

🇰🇷 ① 병문안(위문)하다, 편지로 안부 인사하다　② 공격하다　③ 닥쳐오다, 덮치다

用 見舞うは '病人を見舞う(환자를 병문안하다)', '現場を見舞う(현장을 위문하다)', 'パンチを見舞う(펀치를 먹이다)'처럼, 환자 등을 문병 또는 위문하거나, 공격을 가하거나, '地震・水害に見舞われる(지진・수해를 당하다)'처럼, 수동태로 사용되어 지진이나 수해 등의 재난을 만나거나 당하는 경우에 사용된다.

例

❶ 工事が難航しているようだから、現場を見舞ってこよう。
공사가 난항을 겪고 있는 듯하니 현장을 위로하고 오자.

❷ 病人を見舞う時には、あまり長居をしないように気をつけたい。
환자를 문병할 때는 너무 오래 머물지 않도록 주의하기 바란다.

❸ ぼくは卑怯な級友に一発きついパンチを見舞ってやろうと思っている。
나는 비겁한 급우에게 일격의 강한 펀치를 가해 주려고 생각하고 있다.

❹ 毎年、台風の季節になると、必ず日本のどこかが水害に見舞われる。
매년 태풍철이 되면 반드시 일본 어딘가가 수해를 당한다.

❺ その火山が噴火する前には決って麓一帯が強い地震に見舞われている。
그 화산이 분화하기 전에는 늘 산기슭 일대가 강한 지진에 휩싸였다.

118 ››››› 剥く/剥ける □□□□

[剥く]

意　_⊕ ① 表面を覆っているものを取り去る　② 目や歯などを剥き出しにする

　　　_韓 ① 벗기다, 까다　② 드러내다, 뒤집다

用　剥くは '皮・殻・玉ねぎを剥く(피부·껍질·양파를 까다/벗기다)', '目を剥く(눈을 뒤집다)', '牙を剥く(이빨을 드러내다)'처럼, 껍질을 까거나 벗기거나, 눈이나 이를 드러내는 경우에 사용한다.

例

❶ みかんの皮を剥くと、芳しい香りがしてくる。
　귤의 껍질을 벗기면 향기로운 냄새가 난다.

❷ お母さんが台所で玉葱を剥きながら目を真っ赤にしている。
　어머니가 부엌에서 양파를 벗기면서 눈을 새빨갛게 하고 있다.

❸ 人間なんて一皮剥けば、だれでも本性はたいして変わらない。
　인간이란 한 꺼풀 벗기면 누구라도 본성은 크게 다르지 않다.

❹ わが家の犬は誰か来ると、猛烈に吠え、牙を剥いて威嚇する。
　우리 집 개는 누군가 오면 맹렬히 짖고 엄니를 드러내며 위협한다.

❺ 男たちが採ってきたカキやホタテの殻を剥くのは女の仕事である。
　남자들이 잡아 온 굴이나 가리비의 껍질을 벗기는 것은 여자의 일이다.

❻ 素的なバッグを見つけて買おうとしたら、目を剥くほど高い値段だった。
　근사한 백을 발견해 사려고 하니 눈이 뒤집힐 정도로 비싼 가격이었다.

[剝ける]

意　⽇ 表面を覆っていたものが取れる

　　　 韓 표면을 덮고 있는 것이 벗겨지다, 까지다

用　剝けるは '皮・皮膚・肘・膝が剝ける(껍질・피부・팔꿈치・무릎이 까지다)'처럼, 피부나 껍질 등이 벗겨지거나 까지는 경우에 사용한다.

例

❶ 地面に正坐して手の皮が剝けるまで地を叩き続けた。
땅에 정좌하여 손의 피부가 벗겨질 때까지 땅을 계속 쳤다.

❷ 赤くなった肘の内側は何かに擦れたかのように皮が剝けていた。
빨개진 팔꿈치 안쪽은 무언가에 긁힌 것처럼 피부가 벗겨져 있었다.

❸ 頭を覆っていた人工皮膚が剝け、その下から本物の顔が現れた。
머리를 덮고 있던 인공 피부가 벗겨지고 그 아래에서 진짜 얼굴이 나타났다.

❹ 皮が剝けて白くなった木は複雑骨折をした生き物の骨のように見えた。
껍질이 벗겨져 하얗게 된 나무는 복잡골절을 한 생물의 뼈처럼 보였다.

❺ 足から落ちたので重傷は負わなかったが、腹と膝がひどく擦り剝けていた。
발부터 떨어져서 중상은 입지 않았지만, 배와 무릎이 심하게 까져 있었다.

119 ▸▸▸ 報いる(むく) □□□□

[意]

⊜ ① 人がしてくれたことに対して、ふさわしいお返しをする

⚓ ① 보답하다, 갚다 ② 보복하다, 앙갚음하다

[用]

報いる는 '恩·義理·献身に報いる(은혜·의리·헌신에 보답하다)', '努力が報いられる(노력이 결실을 맺다)', '労に報いる(노고에 보답하다)', '一矢報いる(화살을 되쏘다, 적의 공격이나 비난에 대해 반격하다)'처럼, 은혜를 갚거나 원수를 갚는 등 무언가에 대해 되돌려 주는 경우에 사용한다. 수동형으로 '報われる'의 형태도 사용된다.

[例]

❶ それが学費を出してくれた亡くなったお父さんの好意に報いる道だ。
그것이 학비를 대 준 돌아가신 아버지의 호의에 보답하는 길이다.

❷ 一体どうしたら君がぼくに与えてくれた幸福に報いることができるだろう。
도대체 어찌하면 네가 나에게 베풀어준 행복에 답할 수 있을 것인가.

❸ 彼女は恩恵に報いるため、死後もこの地方のために尽すといって亡くなった。
그녀는 은혜에 보답하기 위해 사후도 이 지방을 위해 힘쓰겠다 하고 죽었다.

❹ 私は彼の協力に対して相応の報酬と、そして礼儀をもって報いるつもりでいる。
나는 그의 협력에 대해 상응한 보수와 그리고 예의로써 답할 생각으로 있다.

❺ 私の恋人の恨みを報いると共に私の友人の敵も討たねばならぬ立場に置かれた。
내 연인의 원한을 갚음과 동시에 내 친구의 적도 쳐야 할 입장에 놓였다.

120 浮腫む むく

意

⊖ 体や皮膚に中に水気が溜って全体に腫れぼったくなる

㉿ 붓다, 부어 오르다

用

浮腫むは '顔·足が浮腫む(얼굴·다리가 붓다)' 처럼, 몸에 물이 차거나 하여 붓는 경우에 사용한다.

例

❶ 花を啜り、涙で浮腫んだ目を擦り、彼をようやく見た。

코를 훌쩍거리고 눈물로 부어오른 눈을 비비며 그를 간신히 보았다.

❷ 顔はどす黒く浮腫み、口の周りは涎でてらてらと光っていた。

얼굴이 새까맣게 부어오르고 입 주위는 침으로 번지르르 빛나고 있었다.

❸ 小さく見える男の顔は、ただでさえ丸い顔が浮腫んで毬のようである。

작게 보이는 남자의 얼굴은 그렇지 않아도 둥근 얼굴이 부어올라 공과 같았다.

❹ 頬は輝、爪は血の色を失って白く濁り、足は霜焼けで浮腫んでいた。

볼은 트고 손톱은 핏기를 잃어 하얗게 탁해지고 다리는 동상으로 부어 있었다.

❺ 足はきっと顔以上に浮腫み、靴の中でパンパンに膨らんでいるに違いない。

다리는 틀림없이 얼굴 이상으로 부어 신발 안에서 팅팅 부풀어 있음에 틀림없다.

121 >>> 貪る (むさぼ)

□□□□

意

⊕ 満足することなく欲しがる，飽きることなくある行為を続ける

㉮ 탐하다, 질리지 않고 계속하다

用

貪るは'物・肉・新聞を貪る(물건・고기・신문을 탐하다)', '眠りを貪る(잠을 만끽하다)' 처럼, 무언가를 탐하거나 질리지 않고 계속하는 경우에 사용한다.

例

❶ 男の眼には物を貪る時のような張りきった光が満ちていた。
남자의 눈에는 물건을 탐할 때와 같은 힘이 넘치는 빛이 가득해 있었다.

❷ 果たして先生は本当に貪りたくなるほどに飢えたことがあるのだろうか。
과연 선생님은 정말로 탐하고 싶을 정도로 굶주린 적이 있는 것일까.

❸ 時おり窓の外を流れる町の灯を意識しながら私は浅い眠りを貪った。
때때로 창밖을 흐르는 거리의 등불을 의식하면서 나는 계속 얕은 잠에 취했다.

❹ 看護師の目には、まさに餓鬼が人肉を貪っているように見えたのであろう。
간호사의 눈에는 정말로 아귀가 인육을 탐하고 있는 것처럼 보인 것일 것이다.

❺ 彼女は絶えずパリに想いを馳せ、世俗的な新聞を貪るように読んでいた。
그녀는 끊임없이 파리를 생각하고 세속적인 신문을 탐하듯이 읽고 있었다.

122 毟る (むしる)

□□□□

意

㊀ ①掴んで引き抜く ②千切って小さくする，魚などの身を解す ③金品などを奪い取る

㊀ ① 쥐어뜯다, 잡아뽑다, 뜯어내다 ② 생선의 살을 바르다 ③ 금품을 빼았다

用

毟るは'草・雑草・花を毟る(풀・잡초・꽃을 뜯다)'，'髪・髪の毛を毟る(머리・머리카락을 잡아 뜯다)'，'魚の身を毟る(생선의 살을 바르다)'처럼, 풀이나 꽃을 잡아 뜯거나 생선 살을 바르거나 금품을 빼앗은 경우에 사용한다.

例

❶ 夏休みの一日、母と庭に繁った雑草を毟った。
여름방학의 하루 어머니와 정원에 무성한 잡초를 뽑았다.

❷ 厄介な立場に追い込まれた男はいらいらして髪の毛を毟った。
귀찮은 입장에 내몰린 남자는 안절부절하며 머리를 쥐어뜯었다.

❸ 母は病気の祖父が食べやすいように魚の身を丁寧に毟っている。
어머니는 병중인 조부가 먹기 쉽도록 생선 살을 가지런히 바르고 있다.

❹ 急いで私は一掴みの草を毟って、この子の口と手を拭いてやった。
서둘러 나는 한 줌의 풀을 뜯어 이 아이의 입과 손을 닦아 주었다.

❺ お婆さんが胸に抱えたバッグを毟り取って、やつは駅の方に逃げた。
할머니가 가슴에 안은 백을 빼앗아 녀석은 역 쪽으로 도망갔다.

❻ お喋りに夢中になっていて、ほとんど無意識につつじの花を毟っていた。
대화에 열중이어서 거의 무의식적으로 철쭉꽃을 따고 있었다.

123 >>> 噎せる/噎ぶ □□□□

[意] [噎せる] ㊐ ① 気管などに強い刺激を受けて息を詰まらせる，息を詰まらせて咳き込む

㊀ ① 목이 메다, 숨이 막히다, 사레들리다

[噎ぶ] ㊐ ① 刺激を受けて息が詰まる，咳き込む ② 息を詰まらせながら泣く

㊀ ① 목이 메다, 숨이 막히다, 콜록거리다 ② 목메어 울다

[用] 噎せる/噎ぶ는 '匂い・煙に噎ぶ/噎せる(냄새·연기로 숨이 막히다)', '涙に噎ぶ(눈물로 목이 메다)'처럼, 숨이 막히거나 숨이 막혀 콜록거리거나 목메어 우는 경우에 사용한다.

[例]

[噎せる]

❶ そこはいま静まりかえって、ときどき噎せるような物音が聞こえてきた。
그곳은 지금 아주 조용해져서 때때로 콜록거리는 듯한 소리가 들려왔다.

❷ 眼を閉じたままの彼女に噎せないように少しずつ液体を流し込んだ。
눈을 감은 채로 있는 그녀에게 숨이 막히지 않도록 조금씩 액체를 흘려 넣었다.

❸ 踏み込んだとたん、濃密な霧のように立ちこめる香水の匂いに噎せた。
발을 들여놓은 순간 짙은 안개처럼 자욱한 향수 냄새에 숨이 막혔다.

❹ こんなに近々と嗅いだことのない強い匂いに、あやうく噎せそうになった。
이렇게 가까이서 맡은 적 없는 강한 냄새에 자칫 숨이 막힐 것 같았다.

⑤ 酒は当てにしていた分量よりずっと多すぎて、呷り損ねた彼は激しく噎せた。

술은 기대하던 분량보다 훨씬 많아 잘 못 들이킨 그는 심하게 콜록거렸다.

[噎ぶ]

① どこから思い出しても私はたちまち故郷の匂いで噎ぶ気になる。

어디서부터 생각을 떠올려도 나는 금세 고향의 냄새로 목이 메는 느낌이 든다.

② 雑草が土の匂いに噎んで春の足音は江戸のどこにでもあった。

잡초가 흙 냄새에 흐느끼고 봄의 발소리는 에도 어디에도 있었다.

③ 警部の耳に煙に噎ぶ咳と問い正す震え声とが周囲から殺到した。

경위의 귀에 연기로 목이 메는 기침과 추궁하는 떨리는 목소리가 주위에서 쇄도했다.

④ 私は彼女の手を取ると、感激の涙に噎びながら、それに唇を押し当てた。

나는 그녀의 손을 잡자 감격의 눈물에 목이 메면서 그에 입술을 바짝 댔다.

⑤ 私は生まれてからこれほど血と涙に噎ぶような人間の声音というものを聞いたことがない。

나는 태어나 이토록 피와 눈물에 가슴을 매는 그런 인간의 음성이라는 것을 들은 적이 없다.

124 蒸れる

□□□□

意

🇯🇵 ① 熱や蒸気が通って仕上がる　② 風通しが悪くて熱気や湿気が籠もる

🇰🇷 ① 밥이 뜸들다　② 찌다, 무덥다

用

蒸れる는 'ご飯が蒸れる(밥이 다 되다)', '空気が蒸れる(공기가 무덥다)', '体·皮膚 足が蒸れる(몸·피부·발이 찌듯 하다)'처럼, 밥이 뜸들어 다 되거나 찌듯이 무덥거나 피부 등이 찌듯 더운 경우에 사용한다.

例

❶ ご飯が蒸れたら、早速食事にしましょう。

밥이 다 되면 바로 식사하기로 합시다.

❷ 社内の空気が蒸れているので、窓を開けましょう。

사내의 공기가 무더우니 창문을 엽시다.

❸ 夏は靴だと足が蒸れるので、下駄を履くようにしている。

여름에는 구두를 신으면 발이 찌듯 하여 나막신을 신으려고 하고 있다.

❹ これくらい暖かくなると、この服だと体が蒸れて気持ち悪い。

이 정도로 따뜻해지면 이 옷으로는 몸이 찌듯 하여 불쾌해진다.

❺ 長期間の装着で皮膚が蒸れてくるため、必然的に痒みも起きてくる。

장기간 입고 있어 피부가 덥고 땀이 차기 때문에 필연적으로 가려움도 발생한다.

❻ 密閉した場所で高温になる環境は蒸れてシミを生じさせることがある。

밀폐된 장소에서 고온이 되는 환경은 찌는 듯해 얼룩을 생기게 하는 일이 있다.

125 >>> 滅入る

意 🇯🇵 ①すっかり気力がなくなって塞ぎ込む ②滅り込む

🇰🇷 ①기가 죽다, 우울해지다 ② 푹 빠지다, 박히다

用 滅入るは '気·気持ち·気分·心が滅入る(기분·마음이 우울해지다)', '泥に滅入る
(진흙에 빠지다)'처럼, 풀이 죽거나 기분이 우울해지거나, 진흙 등에 빠지는 경우에 사
용한다.

例

❶ 車のタイヤが濡れた路面に滅入るような音を立てていく。
차 바퀴가 젖은 노면에 푹 빠지는 듯한 소리를 내며 간다.

❷ 何か気が紛れることを見つけないと滅入ってしまうような気がした。
무언가 기분이 풀릴 일을 찾지 않으면 우울해지고 말 듯한 느낌이 들었다.

❸ 今の事件がどうしても必要以上に彼女の気持ちを滅入らせている。
지금 사건이 아무래도 필요 이상으로 그녀의 기분을 우울하게 하고 있다.

❹ 考えれば考えるほど気が滅入ってくるので、おれは気晴らしに庭へ
出た。
생각하면 생각할수록 기분이 우울해져서 나는 기분을 전환하러 정원으로 나왔다.

❺ 世間の非難に滅入り、ほとぼりが冷めるまで長い新婚旅行に出る
ことにした。
세상의 비난에 기가 꺾여 관심이 식을 때까지 긴 신혼여행을 가기로 했다.

126 ››› めかす □□□□

意 🔘 身なりを飾る，おしゃれをする

🔘 멋을 내다, 모양을 내다, 치장하다

用 めかすは‘人がめかす(사람이 치장하다)’처럼, 멋을 내거나 치장하는 경우에 사용한다.

例

❶ 今日は大事な約束があるから、ちょっとおめかししてみた。
오늘은 중요한 약속이 있어서 조금 모양을 내 봤다.

❷ これから友人の結婚式だという姉は、いつになくめかしている。
지금부터 친구의 결혼식이라는 누이는 평소와 달리 치장하고 있다.

❸ 姉は久しぶりに市内への外出に浮かれて、目一杯おめかしした。
누나는 오랜만에 시내 외출에 들떠 최대한으로 멋을 부렸다.

❹ 友達が鏡の前でめかしている間、ぼくはレコードをかけて聞いていた。
친구가 거울 앞에서 치장하고 있는 동안 나는 레코드를 틀어 듣고 있었다.

❺ 内輪のパーティーだから、あんまりめかさないで、ふだん着で来て

くれよ。
집안의 파티니까 너무 치장하지 말고 평소 차림으로 와 줘.

127 >>> 恵む

意 🇯🇵 ① 憐れに思って金品を与える，施す　② 神仏・自然などが人々に恩恵を与える

🇰🇷 ① 베풀다, 주다　② 은혜를 베풀다

用 恵むは '物・金を恵む(물건・돈을 베풀어주다)', '人に恵む(사람에게 베풀다)'처럼, 돈이나 물건 등의 은혜를 베푸는 경우에 사용한다. '自然に恵まれる(자연이 풍요롭다)', '天気に恵まれる(날씨가 좋다)', '婿に恵まれる(좋은 사위를 맞다)'처럼, 수동형으로 사용되면 혜택을 받아 좋다는 의미로 사용한다.

例

❶ 人に恵むほどの金はないけど、少しだけなら貸してあげる。
남에게 베풀 정도의 돈은 없지만 조금 정도라면 빌려주겠다.

❷ 神様がお前を哀れに思って、いろんな物を恵んでくださるんだ。
하느님이 너를 불쌍히 여겨 여러 가지 물건을 베풀어 주시는 것이다.

❸ 男は困っている人を見て黙っていられず、持っている金を全部恵んでしまった。
남자는 곤란에 처한 사람을 보고 가만히 있지 못하고 가진 돈을 전부 주어버렸다.

❹ この作品には作者の恵まれた才能と鋭い感覚がよく表れている。
이 작품에는 작자의 타고난 재능과 날카로운 감각이 잘 나타나 있다.

彼は医者として恵まれない人々のためにその一生を尽くしたいと思った。
그는 의사로서 혜택받지 못한 사람들을 위해 그 일생을 다하려고 생각했다.

⑤ 今日はお天気にも恵まれ、すばらしい運動会となった。

오늘은 날씨도 좋아 멋진 운동회가 되었다.

日本は四季の変化に富む美しい自然に恵まれている。

일본은 사계의 변화가 풍부한 아름다운 자연을 선사 받고 있다.

よい婿に恵まれて店がだんだん大きくなっていったので、娘の両親は

たいそう喜んだ。

좋은 사위를 만나 가게가 점점 커져 가 딸의 부모는 무척 기뻐했다.

128 >>> 捲る/捲れる □□□□

[捲る]

意 🔵 ①覆っているものを剥がす、剥がして取り除ける　②剥がすようにして裏返す

🔵 ①벗기다, 떼어내다　②넘기다

用 捲るは '暦・ページ・トランプを捲る(달력・페이지・트럼프를 넘기다)'처럼, 벗기거나 뜯어내거나 책 등을 넘기는 경우에 사용한다.

例

❶ 早いもので、暦を捲ると、もう今日から四月だ。
빠르게도 달력을 넘기자 벌써 오늘부터 4월이다.

❷ 待合室の椅子に腰をかけて雑誌のページをぱらぱらと捲ってみた。
대합실 의자에 걸터앉아서 잡지의 페이지를 휙휙 넘겨보았다.

❸ ノートを捲っていた私は鹿の柄のナイフの記述をようやく見付け出した。
노트를 넘기고 있던 나는 사슴 무늬 칼의 기술을 간신히 찾아냈다.

❹ アルバムを捲っていたら、小学校時代仲のよかった友達の写真が出てきた。
앨범을 넘기고 있자 초등학교 시절 사이가 좋았던 친구 사진이 나왔다.

❺ テーブルに置かれたトランプを捲りながら、女占い師は男の未来を予言した。
테이블에 놓인 트럼프를 넘기면서 여성 점쟁이는 남자의 미래를 예언했다.

[捲れる]

意
ⓐ 捲ったような状態になる

ⓚ 젖혀지다, 말리다, 벗겨지다

用 捲れる는 '紙が捲れる(종이 젖혀지다)', '衣服・裾が捲れる(옷・소매가 말리다)', 'か さぶたが捲れる(상처 딱지가 벗겨지다)'처럼, 종이가 젖혀지거나, 상처의 딱지가 벗 겨지거나, 옷 등이 말리는 경우에 사용한다.

例

❶ 治りかけの傷口のかさぶたが捲れてしまった。
나아가고 있는 상처의 딱지가 벗겨져 버렸다.

❷ 優しい春風に手にした詩集のページがパラパラと捲れている。
부드러운 봄바람에 손에 든 시집의 페이지가 팔랑팔랑 넘겨지고 있다.

❸ 私は床の板が三枚、捲れるように作られているのに気づいた。
나는 마루 판자가 3장 젖힐 수 있도록 만들어져 있는 것을 깨달았다.

❹ どの窓も開放されていて彼の衣服が風にヒラヒラと捲れていた。
어느 창문도 개방되어 있어 그의 옷이 바람에 팔랑팔랑 젖혀지고 있었다.

❺ 彼女はスカートの裾が捲れていることなど気にもせず、つんとすまし ている。
그녀는 스커트 옷자락이 말려 있는 것 따위 신경도 쓰지 않고 아무렇지 않은 체하고 있다.

129 巡る/巡らす

[巡る]

意

🇯🇵 ①物の周囲を回る, 周回する ②周囲を取り囲む ③順に回って歩く ④順番などが回ってくる ⑤再び元に戻る ⑥関連する

🇰🇷 ①주위를 돌다 ②에워싸다, 둘러싸다 ③돌아다니다 ④순서가 돌아오다 ⑤원래대로 돌아오다 ⑥관련되다

用

巡る는 '太陽·周囲を巡る(태양·주위를 돌다)', '主人公·問題を巡る(주인공·문제를 둘러싸다)', '各地を巡る(각지를 돌다)', '日·春が巡ってくる(날·봄이 돌아오다)'처럼, 주위를 돌거나 둘러싸거나 순서가 돌아오거나 무언가에 관련되는 경우에 사용한다.

例

❶ 日時計というのは太陽の巡る動きで時刻を知る仕掛けである。
해시계라고 하는 것은 태양이 도는 움직임으로 시각을 아는 장치이다.

川は古城の周囲をぐるりと巡って再び下流で大河に合流していた。
강은 고성의 주위를 빙 돌아서 다시 하류에서 큰 강에 합류하고 있었다.

❷ この物語は主人公を巡る五人の女性の目を通して描かれている。
이 이야기는 주인공을 둘러싼 다섯 여성의 눈을 통해서 그려져 있다.

❸ 各地を巡っているこのサーカスの中で、子供たちの一番の人気物はあの象だ。
각지를 돌고 있는 이 서커스 중에서 아이들의 가장 인기 있는 것은 저 코끼리이다.

❹ アメリカは奴隷制度などの問題を巡って南部と北部が対立していた。
미국은 노예제도 등의 문제를 둘러싸고 남부와 북부가 대립하고 있었다.

ホームルームでは部活動のあり方を巡って白熱した議論が展開された。

홈룸에서는 부 활동의 본연의 모습을 둘러싸고 격렬한 토론이 전개되었다.

⑤ 春が巡ってくるたびに家の軒下に巣を作るツバメは、いつも同じツバメなのだろうか。

봄이 돌아올 때마다 집 처마 밑에 둥지를 트는 제비는 늘 같은 제비인 것일까.

[巡らす]

意 圖 ①ぐるりと回す, 回転させる ②ぐるりと周りを囲ませる ③あれこれと頭を動かせる

韓 ①돌리다 ②에워싸다, 두르다 ③궁리하다, 짜내다

用 巡らすは '頭を巡らす(머리를 돌리다)', '塀・海を巡らす(담・바다를 둘러싸다)', '思い・考えを巡らす(궁리하다)', '知恵・計略を巡らす(지혜・계략을 짜내다)'처럼, 몸이나 발길을 돌리거나, 에워싸듯 두르거나 생각이나 지혜 등을 짜내는 경우에 사용한다.

例

❶ 男は急に踵を巡らすと、来た道を戻って行った。

남자는 갑자기 발길을 되돌려 왔던 길을 되돌아갔다.

やっと気がついたのか、母は枕の上でゆっくり頭を巡らし、私を見た。

겨우 정신이 들었는지 어머니는 배게 위에서 천천히 머리를 돌려 나를 보았다.

❷ 少し行くと、周囲に高い塀を巡らした立派な家があった。

조금 가자 주위에 높은 담을 두른 훌륭한 집이 있었다.

四方に海を巡らす日本は水産資源の豊かな国である。

사방에 바다를 두른 일본은 수산자원이 풍부한 나라이다.

❸ 自分をふり返り、これからの生き方に思いを巡らすことは大切なことだ。

자신을 되돌아보고 앞으로의 삶을 생각하는 것은 중요한 일이다.

明日の試合の作戦について、チーム全員でさまざまに考えを巡らした。

내일 시합의 작전에 대해 팀 전원이 여러 가지로 생각을 짜냈다.

❹ 我々は囮を使ってなんとか敵を誘き出そうと計略を巡らした。

우리는 미끼를 써서 어떻게든 적을 유인해 내려고 계략을 짰다.

何かいい金儲はないかと、みんなであれこれ知恵を巡らした。

뭔가 좋은 돈벌이가 없을까 하고 모두 이것저것 지혜를 짰다.

130 >>> めげる □□□□

意 ㊐ 弱気(よわき)になる，挫(くじ)ける，負(ま)ける

㊞ 약해지다, 기가 죽다, 지다

用 めげるは '失敗(しっぱい)・逆境(ぎゃっきょう)・困難(こんなん)・寒(さむ)さにめげる(실패·역경·곤난·추위에 지다/기가 죽다)'처럼, 무언가에 약해지거나 기가 꺾이는 경우에 사용한다. 부정형으로 사용하여 추위나 실패, 역경에 기가 죽지 않거나 굴하지 않는 경우에 사용한다.

例

❶ 子供(こども)は風(かぜ)の子(こ)で寒(さむ)さにめげずに元気(げんき)に遊(あそ)び回(まわ)っている。
어린이는 바람의 아들로 추위에 굴하지 않고 건강하게 놀고 다니고 있다.

❷ 自分(じぶん)があの作業(さぎょう)をやれと言(い)われたら途中(とちゅう)でめげてしまうかもしれない。
내가 저 작업을 하라고 하면 도중에 기가 꺾여 버릴지도 모른다.

❸ 中(なか)には途中(とちゅう)の困難(こんなん)にめげてしまう鳥(とり)もおり、大半(たいはん)が途中(とちゅう)で脱落(だつらく)してしまう。
안에는 도중의 곤란에 꺾여 버리는 새도 있고 대부분이 도중에 탈락해 버린다.

❹ 逆境(ぎゃっきょう)にめげない主人公(しゅじんこう)の生(い)き方(かた)は、ぼくたちにも多(おお)くのものを示唆(しさ)してくれる。
역경에 굴하지 않는 주인공의 삶은 우리에게도 많은 것을 시사해 준다.

❺ 本作(ほんさく)の主人公(しゅじんこう)は、めげることなく、打(う)たれ強(づよ)いキャラクターとして設定(せってい)された。
본 작품의 주인공은 굴하는 일 없이 맷집이 좋은 캐릭터로 설정되었다.

131 愛でる

意 ㊐ ① 可愛がる，いとおしむ　② 美しさを味わって感動する

㊙ ① 귀여워하다, 사랑하다, 즐기다　② 칭찬하다, 감탄하다

用 愛でる는 '家·生き物を愛でる(집·동물을 사랑하다)', '花·盆栽を愛でる(꽃·분재를 즐기다)'처럼, 무언가를 귀여워하여 사랑하거나 즐기는 경우에 사용한다.

例

❶ 私は自分の部屋に戻り、奇妙な盆栽を愛でる仕事に戻った。

나는 내 방에 돌아와 기묘한 분재를 즐기는 일로 돌아왔다.

❷ およそ生き物·草木·鳥類を愛でる者はそのためにかえって家人を失う。

무릇 동물·초목·조류를 사랑하는 자는 그 때문에 오히려 가족을 잃는다.

❸ もうこの家を私たち家族三人が事件の以前のように愛でることはない。

이제 이 집을 우리 가족 3인이 사건 이전처럼 사랑하는 일은 없다.

❹ 多少はあんたらの面倒を見た記憶もあるが、残念ながら花を愛でる趣味はない。

다소는 너희들을 돌보아 준 기억도 있지만, 유감스럽게도 꽃을 즐기는 취미는 없다.

❺ 別に花を愛でるほど雅な人間ではないけれど、その眺めには一瞬目を奪われる。

특별히 꽃을 즐길 정도로 우아한 인간은 아니지만, 그 경치에는 순간 넋을 빼앗긴다.

132 >>> 面食らう □□□□

意

㉙ どうしていいか分からなくなる

㉠ 당황하다, 허둥대다

用 面食らうは '質問・状況に面食らう(질문・상황에 당황하다)' 처럼, 예상하지 못한 일에 어찌 해야 할지 몰라 당황하거나 허둥대는 경우에 사용한다.

例

❶ 実際それは馴れない者を面食らわせるには十分なほど深い霧だった。

실재 그것은 익숙지 않은 자를 당황케 하는데 충분할 정도로 깊은 안개였다.

❷ 小さなビルだから無理もないが、最初の訪問者は些か面食らうだろう。

작은 건물이니 무리도 아니지만, 첫 방문자는 약간 당황할 것이다.

❸ 質問が続けて自分に向けられたのに、彼女は少し面食らった表情をした。

질문이 계속하여 자신에게 향해진 데에 그녀는 다소 당황한 표정을 지었다.

❹ 始めは面食らっている様子だったが、最後の方は違う表情を浮かべいた。

처음에는 당황하고 있는 모습이었지만 마지막에는 다른 표정을 띠고 있었다.

❺ 僕の唐突な質問に面食らいながら、彼女は腕組みして唸り声を上げていた。

나의 당돌한 질문에 당황하면서 그녀는 팔짱을 끼고 신음 소리를 내고 있었다.

⎯133⟩⟩⟩ 詣でる

意 ⓐ 神社・寺・墓などにお参りする，参詣する

ⓚ 참배하다

用 詣でる는 '神社・寺・墓に詣でる(신사・절・묘에 참배하다)'처럼, 절이나 신사 등에 참배하는 경우에 사용한다.

例

❶ 先日帰省したとき、祖父母の墓に詣でた。
지난번 귀성했을 때 조부모의 묘에 참배했다.

❷ 交通安全を祈願して成田山新勝寺に詣でる人も多い。
교통안전을 기원해서 나리타산 신쇼지에 참배하는 사람도 많다.

❸ 正月三が日だけで、この神社に詣でる人は十万人を超す。
정초의 삼일간만으로 이 신사에 참배하는 사람은 10만 명을 넘는다.

❹ 平日の昼間だというのに、広い境内は詣でる人々で賑わっていた。
평일 낮인데 넓은 경내는 참배하는 사람들로 북적대고 있었다.

❺ まるで墓を作り墓に詣でることが宗教ではないかのような扱いなのだ。
마치 무덤을 만들고 무덤에 참배하는 것이 종교가 아닌가 하는 그런 취급이다.

134 >>> 踠く

□□□□

【意】 ㊐ ①悶え苦しんで足をしきりに動かす　②苦境を逃れようとして焦る

㊐ ①발버둥 치다　②안달하다, 초조해하다, 조바심하다

【用】 踠くは '必死に·起き上がろうと·水の中で踠く(필사적으로·일어서려고·물 속에서 발버둥치다)', '踠けば踠くほど(발버둥 치면 발버둥 칠수록)'처럼, 벗어나기 위해 발버둥 치거나 초조해하는 경우에 사용한다. '踠き苦しむ(아파 발버둥 치다)'처럼 복합어로도 사용한다. 비슷한 단어로 '足掻く'가 있다.

【例】

❶ そこは底なし沼で、踠けば踠くほど体は沈んでいく。
그곳은 끝이 없는 깊은 늪으로 발버둥 칠수록 몸은 빠져들어 간다.

❷ 金槌のぼくは水の中で何とか浮き袋につかまろうと踠いた。
수영을 못 하는 나는 물속에서 어떻게든 튜브를 붙잡으려고 발버둥 쳤다.

❸ 巣から落ちた雛は起き上がろうと踠いて羽をばたつかせている。
둥지에서 떨어진 새끼는 일어서려고 발버둥 치며 날개를 파닥거리고 있다.

❹ どろ沼のような生活から這い上がろうと、彼は必死に踠いていた。
수렁 같은 생활에서 빠져나오려고 그는 필사적으로 발버둥 치고 있었다.

❺ 急に胸が苦しくなり、踠き苦しんでいるうちに、気を失ってしまった。
갑자기 가슴이 답답해져 아파 발버둥 치는 사이에 정신을 잃고 말았다.

❻ どんなに焦って踠いてみても、入学試験まではあと一月しか残されていない。
아무리 애타게 발버둥 쳐 보아도 입학시험까지는 앞으로 한 달밖에 남지 않았다.

135 >>> 捥ぐ

□□□□

意 　ⓐ 捩じって取る，ちぎり取る，もぎる

　　　ⓚ 비틀어 떼다, 따다

用 　捥ぐ는 'トマト·ブドウを捥ぐ(토마토·포도를 따다)', '足を捥ぐ(발을 비틀다)'처럼, 과일을 비틀어 따거나 발 등을 비트는 경우에 사용한다. '捥ぎ放す(강제로 떼어 놓다)', '捥ぎ取る(비틀어 따다, 낚아 채다)'처럼, 복합어로도 사용된다.

例

❶ カニは自分で足を捥いで食べるのがおいしい。
게는 스스로 발을 비틀어 떼어 먹는 것이 맛있다.

❷ ブドウを捥ぐ農民の顔は収穫の喜びに溢れている。
포도를 따는 농민의 얼굴은 수확의 기쁨에 넘쳐있다.

❸ 彼女にとってそれを失うのは片脚を捥がれるようなものだ。
그녀에게서 그것을 잃는 것은 한쪽 발을 떼 내는 듯한 것이다.

❹ 男は子供が虫を捕まえたように手足を捥いで逃げないようにした。
남자는 아이가 벌레를 잡은 듯이 손발을 비틀어 도망가지 않도록 했다.

❺ 食卓に出されたトマトは、たった今、おばさんが畑から捥いできたものだ。
식탁에 나온 토마토는 방금 아주머니가 밭에서 따온 것이다.

❻ 彼はそこから自分を捥ぎ放すようにして現在の当面の問題に戻った。
그는 그곳에서 자신을 떼어내는 것처럼 하여 현재 당면한 문제로 돌아왔다.

― 136 ⟫⟫⟫ 潜る

□□□□

意 🔵 ① 水の中に潜って入る，潜水する ② 物の中や下に入り込む ③ 人に見つからないように身を隠す，姿を消す，潜伏する

🔵 ① 잠수하다 ② 잠입하다, 잠복하다, 숨어들다, 기어들다 ③ 숨기다

用 潜るは '海に潜る(바다에 잠수하다)', '土の中・机の下に潜る(땅속・책상 밑으로 들어가다)'처럼, 잠수하거나 물체 속이나 밑으로 들어가거나 잠입・잠복하는 경우에 사용한다.

例

❶ 冬の間、カエルは土の中に潜って冬眠をする。
겨울 동안 개구리는 땅속으로 들어가 동면을 한다.

❷ この辺りでは海に潜って貝をとるのは海女の仕事なのだ。
이 근처에서는 바다에 잠수하여 조개를 캐는 것은 해녀의 일이다.

❸ やって来た船乗りの中には海賊の一味が潜り込んでいた。
찾아온 뱃사람 중에는 해적 일당이 잠입해 있었다.

❹ グラッと大きな地震がきたので、みんな慌てて机の下に潜った。
휘청하고 큰 지진이 와서 모두 당황해서 책상 밑으로 숨어들었다.

❺ 重労働で体が綿のように疲れ、布団に潜るとそのまま寝てしまった。
중노동으로 몸이 녹초가 되어 이불에 기어들더니 그대로 자버렸다.

❻ 鯉が一匹、池の水面に姿を見せたが、すぐまた水に潜ってしまった。
잉어가 한 마리 연못 수면에 모습을 보였는데 바로 다시 물로 들어가 버렸다.

意 🇯🇵 計画を巡らす, 企てる

🇰🇷 계획하다, 꾀하다, 노리다

用 目論むは '革命を目論む(혁명을 꾀하다)', '悪戯を目論む(나쁜 짓을 꾸미다)', '新事業を目論む(신사업을 계획하다)', '一攫千金を目論む(일확천금을 노리다)'처럼, 무언가를 계획하거나 꾀하거나 노리는 경우에 사용한다. 비슷한 단어로 '図る', '企てる', '企む'가 있다.

例

❶ 甲社は事業拡張のために乙社の買収を目論んでいた。
갑사는 사업확장을 위해 을사의 매수를 계획하고 있었다.

❷ 弟のあの目つきは、また何かいたずらを目論んでいるらしい。
생의 저 표정은 또 뭔가 장난을 꾀하고 있는 것 같다.

❸ 革命を目論んだ輩は計画が発覚して内乱罪で死刑になった。
혁명을 꾀한 무리는 계획이 발각되어 내란죄로 사형을 당했다.

❹ 競馬で一もうけを目論んで出かけたが、とぼとぼ歩いて帰る結果となった。
경마로 한 밑천을 잡을 의도로 나갔지만, 터벅터벅 걸어오는 결과가 되었다.

❺ 金が発見されたという噂が広まり、町には一攫千金を目論む男たちが集まってきた。
금이 발견되었다는 소문이 퍼져 마을에는 일확천금을 노리는 남자들이 몰려왔다.

138 >>> 捩る もじ

□□□□

意 ⑪ ①滑稽や風刺を狙って著名な詩文の文句などを真似て言い換える ②捩じる，捩る

⑭ ①본래의 문구, 특히 유명한 시구 등을 바꾸어 말하다, 모방하다 ②비틀다, 비꼬다

用 捩る는 '名前·人物を捩る(이름·인물을 모방하다)'처럼, 무언가를 모방하여 이름을 붙이거나 비트는 경우에 사용한다.

例

❶ 英語タイトルの多くは映画や歌のタイトルを捩った物である。
영어 타이틀의 대부분은 영화나 노래의 타이틀을 모방한 것이다.

❷ 殆どが何かを捩った名前であり、名が体を表している場合が多い。
대부분이 무언가를 모방한 이름으로, 이름이 실체를 나타내는 경우가 많다.

❸ 名前はチャンピオンに縁の深い漫画家の名前を捩ってつけたものが多い。
이름은 챔피언에 연이 깊은 만화가의 이름을 빗대 붙인 것이 많다.

❹ 主人の名前は職業に因んだ物や歴史上の人物を捩った物となっている。
주인의 이름은 직업에 연관된 것이나 역사상의 인물을 빗대 만든 것이다.

❺ 登録されている選手は当時の実在のプロ野球選手を捩った名前になっている。
등록되어있는 선수는 당시의 실재 프로야구선수를 모방한 이름으로 되어 있다.

139 ≫≫ 凭れる/靠れる　□□□□

[意]　🈁 ①体を寄せかける，寄りかかる　②消化されないで、胃が重苦しく感じられる

　　　🈢 ① 기대다, 의지하다　② 위가 더부룩하다, 체하다

[用]　凭れる/靠れる는 'おりに凭れる(우리에 기대다)', '柱に凭れる(기둥에 기대다)', '体を凭れる(몸을 기대다)', '窓辺に凭れる(창가에 기대다)', 'いすに凭れる(의자에 기대다)', '肩に凭れる(어깨에 기대다)', '胃に凭れる(위에 부담이 가다)', '胃が凭れる(속이 좋지 않다. 체하다)'처럼, 기대어 의지하거나 음식이 소화되지 않아 더부룩하거나 체하는 경우에 사용한다.

[例]

❶ 象は鉄のおりに凭れ、鼻を長く伸ばして体を休めていた。

　코끼리는 철장 우리에 기대어 코를 길게 늘어뜨리고 몸을 쉬고 있었다.

❷ 困ったことに隣の乗客がぼくの肩に凭れて眠ってしまった。

　곤란하게도 옆 승객이 내 어깨에 기대어 잠이 들어 버렸다.

❸ 男はぐったりした体を壁に凭れて、へなへなと座りこんでしまった。

　남자는 지친 몸을 벽에 기대어 힘없이 주저앉고 말았다.

❹ 窓辺に凭れて外の景色を眺めていると、涼しい風が頬を撫でる。

　창가에 기대어 밖의 경치를 바라보고 있으면 시원한 바람이 뺨을 어루만진다.

❺ 油っこい料理は胃に凭れて食べた後がつらい。

　기름진 음식은 위에 부담이 가서 먹은 후가 괴롭다

❻ 誕生祝いのご馳走を食べ過ぎたらしく、胃が凭れて気分が悪い。

　생일 축하 음식을 너무 먹은 듯하여 위가 더부룩해 속이 좋지 않다.

140　縺れる

意　⊞ ①絡まり合って解けなくなる　②舌や足が思うように動かなくなる　③入り組んで決着が付かなくなる

　　㉾ ① 뒤얽히다, 복잡해지다　② 꼬이다　③ 갈등(분규)을 보이다

用　縺れるは'糸が縺れる(실이 뒤얽히다)', '髪が縺れる(머리카락이 얽히다)', '舌·足が縺れる(혀·다리가 꼬이다)', '事件が縺れる(사건이 꼬이다)', '感情·話が縺れる(감정·이야기가 꼬이다)'처럼, 무언가가 얽혀 풀리지 않거나 혀나 다리가 꼬이거나 사건이나 감정 등이 풀리지 않고 꼬이는 경우에 사용한다.

例

❶ 縺れた毛糸は丹念に解かなければならない。
뒤얽힌 털실은 공을 들여 풀지 않으면 안 된다.

❷ 朝、くしゃくしゃに縺れた髪を櫛できれいに梳かした。
아침에 뒤범벅으로 엉킨 머리카락을 빗으로 예쁘게 빗었다.

❸ 私は闇で足が縺れて、思わずよろけた。
나는 어둠 속에 다리가 꼬여 나도 모르게 비틀거렸다.

だいぶ酒が回ってきたせいか、舌が縺れて、うまく喋れない。
상당히 술기운이 돈 탓인지 혀가 꼬여 잘 말할 수 없다.

❹ 途中で話が縺れて、まとまる相談もまとまらなくなってしまった。
도중에 이야기가 꼬여 해결될 상담도 해결 안 되게 되어 버렸다.

ちょっとした事で感情が縺れ、とうとう二人は仲たがいしてしまった。

조그만 일로 감정이 꼬여 결국 두 사람은 틀어져 버렸다.

⑤ 事件は複雑に縺れていて、一向に解決の糸口が見つからない。

사건은 복잡하게 얽혀 있어 조금도 해결의 실마리가 보이지 않는다.

141 催す □□□□

意 日 (他) ① 行事などを行う，開催する　(自) ② ある気持ちや生理的な状態が起こる，それを起こす

韓 ① 개최하다, 열다　② (어떤 기분을) 불러일으키다, 느끼게 하다

用 催すは '寒気·眠気を催す(추위·졸음를 느끼다)', '涙を催す(눈물을 자아내다)', '歓迎会·チャリティーショ·パーティーを催す(환영회·자선쇼·파티를 개최하다)' 처럼, 행사를 개최하거나 기분이나 상태를 불러일으키는 경우에 사용한다.

例

❶ 男は冷たく肌を刺す風に寒気を催してコートの襟を立てた。
남자는 차갑게 피부를 찌르는 바람에 오한을 느껴서 코트의 깃을 세웠다.

❷ 眠気を催すような来賓の挨拶はいつ終わるともなく続いた。
졸음을 느끼게 하는 그런 내빈의 인사는 끝나지 않고 계속되었다.

❸ 突然、便意を催したぼくは慌てて公園のトイレに駆け込んだ。
갑자기 변이 마려워진 나는 황급히 공원의 화장실로 뛰어들었다.

❹ 別れた兄を探し続けているその子の身の上話に皆涙を催した。
헤어진 형을 계속 찾고 있는 그 아이의 신상 이야기에 모두 눈물을 자아냈다.

❺ 来週の土曜日、恒例の新入生歓迎会を催すことになっている。
다음 주 토요일 정례의 신입생 환영회를 개최하기로 되어 있다.

❻ 新聞社の主催により、緑を守る運動のためのチャリティーショーが催された。
신문사 주최로 녹음을 지키는 운동을 위한 자선 쇼가 개최되었다.

142 ›››› 盛る

意

🗾 ① 高く積み上げる，盛り上げる　② 器に物を入れて満たす　③ 薬を調合して飲ませる，④ 文章に含める，盛り込む　⑤ 目盛りをつける，目盛る

🇰🇷 ① 높이 쌓아 올리다　② 그릇에 가득 담다　③ 약을 조제해서 먹이다　④ 내용으로 담다　⑤ 눈금를 긋다

用

盛る는 '酒を盛る(술을 가득 붓다)', '砂を盛る(모래를 쌓다)', 'ご飯を盛る(밥을 가득 담다)'처럼, 무언가를 높게 쌓아 올리거나 가득 담는 경우에 사용한다.

例

❶ 女は大男が酔い潰れるように、どんどん酒を盛った。
여자는 큰 남자가 대취하도록 점점 술을 부었다.

❷ 砂場では子供たちが砂を盛ってトンネルを作っている。
모래사장에서는 아이들이 모래를 쌓고 터널을 만들고 있다.

❸ 急死した王は王座を狙う何者かによって毒を盛られたのである。
급사한 왕은 왕좌를 노린 누군가에 의해 독을 마신 것이다.

❹ この物語に盛られた内容は実際に日本で起きた事件が元になっている。
이 이야기에 담긴 내용은 실제로 일본에서 일어난 사건이 기본이 되고 있다.

❺ 監督の厳しい言葉に盛られた深い意味は選手一人一人がよく理解していた。
감독의 엄격한 말에 담긴 깊은 의미는 선수 하나하나가 잘 이해하고 있었다.

143 >>> 野次る

□□□□

意 圓 大声で揶揄いや非難の言葉を浴びせかける

　　 韓 야유하다, 비난을 퍼붓다, 놀리다

用 野次る는 '観客が野次る(관객이 야유하다)', '演説を野次る(연설을 야유하다)'처럼,
사람이나 작품 등에 야유하거나 비난을 퍼붓는 경우에 사용한다.

例

❶ 残ったものたちはシッシッという声を立ててこの作品を野次った。
남은 자들은 식식하는 소리를 내며 이 작품을 야유했다.

❷ 連中は笑ったり、野次ったりしながら、彼のあとを追い始めた。
패거리는 웃거나 놀리거나 하면서 그의 뒤를 쫓기 시작했다.

❸ 反対派の者たちが盛んに野次って彼の演説を妨害しようとしている。
반대파 사람들이 계속 야유하여 그의 연설을 방해하려고 하고 있다.

❹ 大声で野次り、笑い、酔って喚き散らす声がだんだん近づいてくる。
큰 소리로 놀리고 웃고 취해 고함치는 소리가 점점 가까워진다.

❺ 彼女は舞台を終えようとしたが諦め、観客が野次り終えた後、
ステージを後にした。
그녀는 무대를 마치려고 했는데 멈추고 관객의 야유가 끝난 후 무대를 떴다.

144 >>> 宿る/宿す

[宿る]

意 🇯🇵 ①旅先で宿を取る ②その場所に止まる，位置を占める ③胎内に子が籠もる

🇰🇷 ① 숙소를 잡다 ② 머무르다, 차지하다 ③ 태아가 잉태되다

用 宿る는 '燕が宿る(제비가 머물다)', '露が宿る(이슬이 맺히다)', '苦労が宿る(노고가 담겨있다)', '赤ちゃんが宿る(아이가 생기다)'처럼, 숙소를 잡거나 생명을 잉태하거나 이슬 등이 맺히거나 깃드는 경우에 사용한다.

例

❶ 今年もまた燕がやって来て、軒先に宿り巣を作った。
올해도 또 제비가 찾아와 처마 끝에 자리를 잡고 둥지를 만들었다.

❷ お母さんのお腹に宿った赤ちゃんが女の子だといいなあ。
엄마의 배에 들어선 아기가 여자아이이면 좋겠다.

❸ 草の葉に露が宿って月の光を受けて真珠のように輝いている。
풀잎에 이슬이 맺혀 달빛을 받아 진주처럼 빛나고 있다.

❹ 山の中で道に迷った旅人は宿る家もなく、途方に暮れてしまった。
산속에서 길을 잃은 여행자는 머무를 집도 없고 어찌할 바를 몰랐다.

❺ 米の一粒にも自然の恩恵があり、そこには農民の苦労が宿っている。
쌀 한 톨에도 자연의 은혜가 있고 거기에는 농민의 노고가 담겨있다.

[宿す]

[意] 🔘 ①内部に含み持つ　②子をはらむ, 身篭る　③止まらせる

🔘 ①품다, 머금다　②임신하다　③머물게 하다

[用] 宿すは '子を宿す(임신하다)', '胸に宿す(마음에 품다)', '悲しみを宿す(슬픔을 내포하다)', '面影を宿す(옛 모습을 간직하다)', '露を宿す(이슬을 머금다)'처럼, 무언가를 품거나 머금거나 아이를 갖거나 내포하는 경우에 사용한다.

[例]

❶ 父の故郷はまだ昔の城下町の面影を宿している。
아버지의 고향은 아직 옛 성곽 아랫마을의 자취를 간직하고 있다.

❷ 彼に対しては一度だって疑いを胸に宿したことはない。
그에 대해서는 한 번도 의심을 가슴에 품은 적이 없다.

❸ 私は露を宿した草を踏みつつ、朝の草原を歩いてみた。
나는 이슬을 머금은 풀을 밟으면서 아침의 초원을 걸어 보았다.

❹ いつの間にか飼い犬が子を宿したらしく、動作が鈍くなった。
어느새 키우는 개가 새끼를 밴 듯하여 동작이 둔해졌다.

❺ 異国で愛する妻を失った男は心に悲しみを宿しつつ、その地を後にした。
이국에서 사랑하는 처를 잃은 남자는 마음에 슬픔을 품은 채 그 땅을 뒤로했다.

145 >>> 病む

意 ⑤ ①病気になる，病気に侵される，患う　②心を悩ます，心配する

　　㉠ ①병들다, 앓다　②걱정하다, 괴로워하다

用 病むは‘肺を病む(폐병을 앓다)’, ‘神経を病む(정신질환을 앓다)’처럼, 병을 앓거나
걱정 또는 괴로워하는 경우에 사용한다.

例

❶ こうなったのならなったで、いちいち気に病んでいても仕方がないのだ。
이렇게 됐으면 된 것이고 일일이 걱정하고 있어도 어쩔 수 없다.

❷ 若い頃に比べて衰えていく容姿を気に病むような感覚は彼女にはない。
젊을 때에 비해 쇠약해가는 모습을 걱정하는 듯한 감각은 그녀에게는 없다.

❸ 私は彼が私の病んでいる胸には一向に注意を払わないのを意外に思った。
나는 그가 내 병든 가슴에는 조금도 주의를 기울이지 않는 것을 의외로 생각했다.

❹ 精神を病んだままだったが、自分で家政を取り仕切る程度には回復した。
정신질환을 앓은 채였지만 스스로 집안 살림을 맡아 처리할 정도로는 회복했다.

❺ 我々はむしろ健常な人間の中で一人病んでいる方がまだ気が楽なのだ。
우리는 오히려 건강한 인간 속에서 혼자 병들어 있는 편이 아직 마음이 편하다.

146 >>> 結う

□□□□

意　日　① 紐状・棒状の物を結び固める　② 頭髪を整えるために束ねたり結んだりする

　　　韓　① 매다, 묶다, 동여매다　② 머리를 묶다

用　結うは '髪を結う(머리를 묶다)' 처럼, 대상을 동여매거나 머리를 묶는 경우에 사용한다.

例

❶ 妹は髪を結っていて長い髪が地面まで引き摺っていた。
여동생은 머리를 묶고 있고 긴 머리가 땅까지 질질 끌고 있었다.

❷ これから髪を結ってもらい、化粧をして身支度を整えなくてはならない。
이제부터 머리를 묶게 하고 화장을 해 몸단장을 해야 한다.

❸ 床につきそうな黒く長い髪を結うこともなく、背中に滝のように流している。
마루에 닿을 듯한 검고 긴 머리를 묶지도 않고 등에 폭포처럼 내려트리고 있다.

❹ 髪を引き詰めるように結っているので、眼尻が少し上に引きつれている。
머리를 바짝 죄듯 묶고 있어서 눈초리가 조금 위로 당겨져 있다.

❺ 大きい束髪に結っている、眉の濃い口元のしまった男性的な顔付である。
머리를 크게 묶고 있고 눈썹이 짙으며 입매가 야무진 남성적인 얼굴 생김새이다.

147 >>> 揺さぶる □□□□□

意 ⊕ ①大きく揺り動かす，揺すぶる ②大いに動揺させる，感動させる

⊖ ①흔들다 ②동요시키다

用 揺さぶるは '木・体・頭を揺さぶ(나무・몸・머리를 흔들다)', '心・生活を揺さぶる(마음・생활을 뒤흔들다)'처럼, 물체를 흔들거나 대상을 동요시키는 경우에 사용한다. '흔들다/흔들리다'에는 비슷한 동사가 많은데, '揺さぶる'는 물체를 잡아서 흔들거나, 삶이나 마음 등을 뒤흔드는 경우에 사용한다. '흔들다'에는 '揺する, 揺らす, 揺るがす'가 있고, '흔들리다'에는 '揺るぐ, 揺らぐ, 揺れる,'가 있다.

例

❶ 子供たちは木を揺さぶって柿の実を落とそうとしている。

아이들은 나무를 흔들어 감을 떨어트리려고 하고 있다.

❷ 戦争の生々しい体験を綴ったこの文章は私の心を激しく揺さぶった。

전쟁의 생생한 체험을 써낸 이 문장은 나의 마음을 심하게 흔들었다.

❸ 山で遭難したとき相棒が眠りそうになったので、私は彼の体を強く揺さぶった。

산에서 조난했을 때 동료가 잠들 것 같아 나는 그의 몸을 세게 흔들었다.

❹ 強い雨風に木は頭を左右に揺さぶり、若い女の髪のようにうねりくねっている。

강한 비바람에 나무는 머리를 좌우로 흔들며 젊은 여자의 머리처럼 요동치고 있다.

❺ 時代のすさまじい流れは激しく生活を揺さぶり、一家は大海の小船のように荒波に揉まれた。

시대의 처참한 흐름은 심하게 생활을 흔들어, 일가는 대해의 돛단배처럼 거친 파도에 시달렸다.

148 >>> 強請る

□□□□

意 🇯🇵 人を脅して金品を取り上げる，強請を働く

🇰🇷 공갈해서 금품을 빼앗다

用 強請る는 'お金・金品を強請る(돈・금품을 갈취하다)', '難癖を付けて金品を強請る(트집을 잡아 금품을 빼앗다)'처럼, 협박하여 돈이나 금품을 빼앗는 경우에 사용한다. 비슷한 단어로 'たかる'가 있다.

例

❶ ならず者たちに殴られてお金を強請られた。
불량배들한테 맞고 돈을 빼앗겼다.

❷ 先生は街角で見知らぬ少年にお金を強請られ、怖い思いをした。
선생님은 길가에서 모르는 소년에게 돈을 빼앗겨 무서웠다.

❸ 他人の家に妙な理由を設けて金を無心にくるのは強請りもおんなじだ。
남의 집에 묘한 이유를 달아 돈을 달라고 오는 것은 공갈과 똑같다.

❹ 白昼東京の真ん中で乞食を強請る奴があろうとは思いもよらなかった。
대낮 동경 한가운데서 거지를 등쳐먹는 녀석이 있으리라고는 생각하지 못했다.

❺ 私は若い頃、一度公園で女の子と一緒にいる所を強請られたことがある。
나는 젊었을 때 한번 공원에서 여자아이와 함께 있는 상황에서 돈을 빼앗긴 적이 있다.

149 よぎ
過る □□□□

意 🇯🇵 前を通りすぎる

🇰🇷 앞을 지나가다, 스쳐 지나가다, 통과하다

用 過る는 '目の前を過る(눈앞을 지나가다)', '窓を過る(창을 스쳐가다)', '場所を過る(장소를 통과하다)', '不安が心を過る(불안이 마음을 스치다)', '記憶が頭を過る(기억이 머리를 스쳐 지나가다)'처럼, 무언가가 앞을 지나가거나 스치거나 통과하는 경우에 사용한다.

例

① つばめが一羽速いスピードで目の前を過った。
제비가 한 마리 빠른 속도로 눈앞을 지나갔다.

② この時の記憶が樹下の私の中に白い幻覚のように過って消えた。
이때의 기억이 나무 밑의 내 안에 하얀 환각처럼 지나쳐 사라졌다.

③ うす暗い廊下に血を流して倒れている自分の姿が頭を過っていく。
어둑어둑한 복도에 피를 흘리고 쓰러져있는 자신의 모습이 머리를 스쳐 지나간다.

④ 映画の中で女が男の家庭に電話をかけるシーンが彼の記憶を過った。
영화 속에서 여자가 남자 가정에 전화를 거는 장면이 그의 기억을 스쳤다.

⑤ そんな言葉が頭を過った時、床と壁を通じて微かな振動が伝わってきた。
그런 말이 머리를 스쳤을 때 마루와 벽을 통해서 희미한 진동이 전해져왔다.

─ 150 >>> 避ける □□□□

意 ⓐ (自) ① 脇に寄る，ぶつからないように避ける　(他) ② 害などを前もって防ぐ

　　ⓑ ① 닿거나 부딪히지 않도록 옆으로 가다, 피하다　② 미리 막다

用 避けるた는 '物を避ける(물건을 피하다)', '水溜まり・パンチ・事を避ける(물웅덩이・펀치・일을 피하다)', '霜を避ける(서리를 막다)'처럼, 물건 등에 닿지 않도록 피하거나, 피해를 입지 않도록 막는 경우에 사용한다. 비슷한 단어로 '避ける'가 있다.

例

❶ 庭の松の木に霜を避けるための藁を巻いた。
마당의 소나무에 서리를 막기 위한 짚을 감았다.

❷ 戦災の焼け跡に、がらくたを避けてテントが張られた。
전쟁으로 불탄 자리에 잡동사니를 피해 텐트가 쳐졌다.

❸ チャンピオンは挑戦者の繰り出すパンチを、さっと身を交わして避けた。
챔피언은 도전자가 세게 내지르는 펀치를 잽싸게 몸을 돌려가며 피했다.

❹ 聞かせたくない事実が秘められていればこそ、語ることを避けるのであろう。
들려주고 싶지 않은 사실이 숨겨져 있기 때문에 말하는 것을 피하는 것일 것이다.

❺ 僕は忍ばねばならぬことはこれを忍び、避けねばならぬことはこれを避けた。
나는 참아야 할 것은 이것을 참고, 피해야 할 것은 이것을 피했다.

151 捩る/捩れる

意 ㊐ 捻って曲げる

㊍ 비틀다, 꼬다, 뒤틀다

用 捩る는 五段동사로, '糸・針金を捩る(실・철사를 꼬다)', '腹を捩る(배를 잡다)', '身・首・全身・上体を捩る(몸・목・전신・상체를 비틀다)'처럼, 실이나 철사 등을 비틀어 꼬거나, 웃거나 아파서 몸을 비틀어 꼬는 경우에 사용한다. 비슷한 단어로 '捩じる' '捻る'가 있다.

例

❶ 患者は腹痛で腹を抱えたまま全身を捩っていた。
환자는 복통으로 배를 움켜쥔 채 전신을 비틀고 있었다.

❷ 僕は部屋に戻って、しばらく腹を捩り、声を忍んで笑った。
나는 방으로 돌아가 잠시 배를 잡고 소리를 참으며 웃었다.

❸ どんなに体を捻ろうと、捩ろうと、どうしても潜り抜けられない。
아무리 몸을 뒤틀고 비틀어도 도저히 빠져나갈 수 없다.

❹ 二本になった綱を捩り一本にすると、男は綱を頼りに枝のあるところまで登った。
둘로 된 밧줄을 꼬아 하나로 하더니 남자는 밧줄을 의지하여 가지가 있는 곳까지 올라갔다.

❺ 表情ははっきりしないが、強く顎を引き、上体を捩って痛みに耐えているようだ。
표정은 확실하지 않지만, 강하게 턱을 당기고 상체를 비틀며 아픔을 참고 있는 것 같다.

[捩れる]

意 　ⓐ 捻って曲げたような状態になる，捩じれる

　　　ⓗ 비틀어지다, 뒤틀리다

用 　捩れる는 '体·筋肉·木が捩れる(몸·근육·나무가 비틀어지다)', '腹の皮·腸が捩れる(뱃가죽·장이 뒤틀리다)'처럼, 무언가가 비틀어지거나 뒤틀리는 경우에 사용한다. 명사형인 '捩れ(뒤틀림)'가 사용된다.

例

❶ 彼の滑稽な行動に人々は腹の皮が捩れた。
그의 우스운 행동에 사람들은 배꼽을 잡았다.

❷ 激しく啜り上げるたびに彼女の痩せた体が捩れる。
격렬하게 콧물을 훌쩍거릴 때마다 그녀의 마른 몸이 비틀어진다.

❸ そこに行くと、一本の捩れた木があって、その下に井戸がある。
그곳에 가면 한 그루의 비틀어진 나무가 있고 그 밑에 우물이 있다.

❹ 痒みはアッという間に腸の捩れるような吐き気を伴う激痛と化した。
가려움은 순식간에 장이 뒤틀리는 듯한 구역질을 동반하는 격통으로 변했다.

❺ 前腕の筋肉が捩れるようにして盛り上がり、コナンは巨大な剣を振り回した。
앞 팔 근육이 비틀리듯 하며 부풀어 오르고 코난은 거대한 검을 휘둘렀다.

152 >>> 寄せる

意 ⓐ (自) ① 近寄ってくる　(他) ② 他の物のすぐ傍に近づける　③ 一所に集める
④ 書いた物などを送る　⑤ あることに関係づける

ⓗ ① 밀려오다　② 바싹 붙이다, 차를 바싹 붙이어 대다　③ 의지·의탁하다　④ 마음
을 기울이다, 마음을 두다　⑤ 한곳으로 모으다　⑥ (편지, 감상) 보내다　⑦ 빗대어
말하다, 비유하다

用 寄せる는 '波が寄せる(파도가 밀려오다)', '車を寄せる(차를 대다)', '同情·関心を寄
せる(동정·관심을 기울이다)', '顔を寄せる(얼굴을 맞대다)', '皺を寄せる(찡그리
다)', '葉書·感想文を寄せる(엽서·감상문을 보내다)', '花に寄せて思いを述べる
(꽃에 빗대 마음을 말하다)'처럼, 사람이나 파도가 밀려오거나, 차 등을 바싹 붙여대거
나, 친척 등에 의지하거나, 마음을 기울이거나, 손님을 모으거나 편지를 보내거나 무언
가에 관계짓는 경우에 사용한다.

例

❶ 大波が寄せてきて岩に砕ける様子は迫力がある。
큰 파도가 밀려와 바위에 부서지는 모습은 박력이 있다.

❷ この番組に対するご意見、ご感想をお寄せください。
이 프로그램에 대한 의견이나 느낌을 보내주십시오.

❸ この本を読むと、著者の動物に寄せる愛情が伝わってくる。
이 책을 읽으면 저자의 동물에 기울이는 애정이 전해진다.

❹ 彼女の話に母は眉をキュッと寄せ、険しい表情で聞いている。
그녀의 이야기에 어머니는 눈살을 확 찌푸리며 험한 표정으로 듣고 있다.

⑤ 夕方になると八百屋や魚屋の客を寄せる威勢のいい声が響く。

저녁이 되면 야채가게나 생선가게의 손님을 불러 모으는 힘찬 목소리가 울려 퍼진다.

⑥ 災害で家を失った一家は、ひとまず親類に身を寄せることになった。

재해로 집을 잃은 일가는 우선 친척에게 몸을 의지하게 되었다.

⑦ 真ん中に止められては通行の邪魔までですから、車はもっと端に寄せてください。

한가운데 세워서는 통행의 방해가 되니 차는 좀 더 가상으로 붙여 주십시오.

153 >>> 淀む よど

意

⑪ ① 水や空気が流れないでその場に止まる，雰囲気などが停滞して活気がなくなる ② 物が底に沈んで溜る，どんより濁る ③ 進まない，滞る

㉿ ① 흐르지 않고 멈추다, 괴다 ② 가라앉아 쌓이다, 탁하다 ③ 막히다, 나아가지 않다

用

淀むは '水が淀む(물이 고이다)', '空気·匂いが淀む(공기·냄새가 탁하다)', '淀んだ目(흐린 눈)'처럼, 물·공기·분위기 등이 고여 정체되거나 일이 순조롭게 나아가지 않는 경우에 사용한다.

例

❶ 劇の主役で出たとき、長いせりふを淀まずに喋れて嬉しかった。
극의 주역으로 나왔을 때 긴 대사를 막힘없이 말할 수 있어서 기뻤다.

❷ その火は部屋を明るく照らしているが、あちこちに暗闇が淀んでいる。
그 불은 방을 밝게 비추고 있지만, 여기저기에 어둠이 내려앉아 있다.

❸ 空気までが穏やかに淀んで、人の眠る場所だという気がしみじみした。
공기 마저가 차분히 가라앉아 사람이 자는 곳이라는 느낌이 많이 들었다.

❹ 時間がこんなにのろく淀むように流れてゆくとは信じられないくらいだった。
시간이 이렇게 느리게 정체하듯 흘러가다니 믿지 못할 정도였다.

❺ 街道はそこで東に曲がり、紆余曲折して淀んだ川に沿って伸びていた。
가도는 거기서 동쪽으로 돌아, 꾸불꾸불하여 고인 강을 따라 뻗어 있었다.

154 >>> よろける

意

ⓙ 足もとが不安定になって転びそうになる，よろめく

ⓚ 비틀거리다

用 よろけるは '足がよろける(다리가 비틀거리다)'처럼, 몸이나 다리가 비틀거리는 경우에 사용한다.

例

❶ 式が終わって立ち上がる時、足の痺れからよろける人もいる。
식이 끝나고 일어설 때 발이 저려서 비틀거리는 사람도 있다.

❷ 大きく深呼吸をした男はよろける足を踏み締めながら歩き始めた。
크게 심호흡을 한 남자는 비틀거리는 발을 힘차게 밟으면서 걷기 시작했다.

❸ よろけるような足取りで、ガス台の方へ歩いて行き、コックを閉じる。
비틀거리는 듯한 발걸음으로 가스대 쪽으로 걸어가 콕을 닫는다.

❹ 奥の部屋へよろけるように入って行くと、畳の上に大の字になって倒れた。
안방으로 비틀거리면서 들어가 타따미 위에 큰대자가 되어 쓰러졌다.

❺ その男の身悶えを見て、他の二人の男たちはよろけるように背中を向けた。
그 남자의 몸부림을 보고 다른 두 남자들은 비틀거리듯이 등을 돌렸다.

❻ 息を弾ませることも、よろけることもなく、驚くほどしっかりと歩みを進めていた。
숨을 헐떡거리는 일도 비틀거리는 일도 없이, 놀랄 만큼 굳건히 걸음을 덕어 나가고 있다.

155 >>> 力む

[意] 圓 ①息を詰めて体に力を入れる　②力を見せつけようと意込む，気負う

　　　鶴 ① 힘을 주다, 잘하려고 기를 쓰다　② 힘이 있는 척하다, 기세를 뽐내다

[用] 力むは '無理に·必死に力む(무리하게·필사적으로 힘을 쓰다)', 'うんと力む(크기
힘을 주다)', '力んで~する(힘써 ~하다)'처럼, 몸에 힘을 주거나 힘이 있는 척해 보이
는 경우에 사용한다.

[例]

❶ あまり力んだ口調にならないように注意しながら、平静な声で言った。
　너무 힘이 들어간 말투가 되지 않도록 주의하면서 차분한 목소리로 말했다.

❷ 芽を出したばかりの松は、どんなに力んでみてもすぐには岩は割れない。
　막 싹을 띄운 소나무는 아무리 힘을 주어 보아도 바로는 바위는 깰 수 없다.

❸ あの子のことなんか何とも思っていないと、彼は力んで否定して
　見せた。
　그 애 일 따위 아무렇지도 않게 생각하고 있다고 그는 힘주어 부정해 보였다.

❹ 納得しかねる表情で相手は彼女の心のうちを探るように目を力
　ませた。
　납득하기 어려운 표정으로 상대는 그녀 마음속을 살피듯이 눈에 힘을 주었다.

❺ 私が力んで話せば話すほど、彼女と私との距離は離れていくばかり
　だった。
　내가 힘주어 말하면 말할수록 그녀와 나의 거리는 멀어져 갈 뿐이었다.

156 >>> 患う(煩う)/煩わす

[患う/煩う]

[意] 🈹 ① 病気にかかる(患う) ② 心配ごとがあって悩み苦しむ(煩う)

🈚 ① 병을 앓다, 병에 걸리다 ② 번민하다, 괴로워하다

[用] 患うと '胸・喘息を患う(폐병・천식을 앓다)'처럼, 어떤 병을 앓는 경우에 사용하며, 煩う는 '明日のことを煩う(내일 일을 고민하다)'처럼 무언가를 고민하는 경우에 사용한다. 煩う는 '悩み煩う(고민하여 괴로워하다)', '言い煩う(말을 못 하다)', '咲き煩う(꽃을 못 피우다)'처럼, 동사 연용형에 접속하여 '～하여 괴로워하거나, 좀처럼 ～하지 못하거나, 망설이는' 경우에 사용한다. '患う'와 '煩う'는 구별없이 사용하기도 한다.

[例]

❶ ぼくは子供のころ、小児喘息を患ったことがある。
나는 어릴 때 소아천식을 앓은 적이 있다.

❷ 彼は精神病を患っている人のように一人で譫言を言っていた。
그는 정신병을 앓고 있는 사람처럼 혼자서 헛소리를 했었다.

❸ 全ての事が終わるとすぐに、彼が煩っていた体の麻痺が消えた。
모든 일이 끝나자 바로 그가 앓고 있던 몸의 마비가 사라졌다.

❹ 母は生まれてこのかた患ったことがないというのが自慢の種である。
어머니는 태어난 이래 앓은 적이 없다는 것이 자랑거리이다.

❺ 例にない寒さのため、今年は花も咲き煩っている様子だ。
예년에 없는 추위 때문에, 올해는 꽃도 못 피우고 있는 모양이다.

⑥ 家族の反対を押し切っても洗礼を受けるべきかどうかで、姉は思い煩っていた。

가족 반대를 무릅쓰고도 세례를 받아야 할지 어떨지로 누나는 번민하고 있었다.

[煩わす]

意 ㊐ ①悩ませる，心配をかける　②面倒をかける，手数をかけさせる

㉻ ① 번거롭게 하다, 걱정·수고를 끼치다　② 귀찮은 일을 부탁하다

用 煩わすは'心を煩わす(괴로워하다)', '人を煩わす(마음을 번거롭게 하다, 폐를 끼치다)', '手·人手を煩わす(수고를 끼치다)', '注意を煩わす(주의를 기울이다)', '俗事に煩わされる(세상사에 걱정하다)'처럼, 사람이나 마음 등을 번거롭거나 귀찮게 하는 경우에 사용하며, 번거롭지만 부탁하는 경우에도 사용한다.

例

❶ 私は上京するに当たっては、何かと先生を煩わしてしまった。

나는 상경함에 즈음하여 무언가 선생님을 번거롭게 하고 말았다.

❷ 定年退職した父は俗事に煩わされなくてすむと言って喜んでいる。

정년 퇴임한 아버지는 세상일에 고민하지 않아도 된다며 기뻐하고 있다.

❸ 彼は息子が起こした事故の補償のことで、ずっと心を煩わしている。

그는 아들이 일으킨 사고의 보상 문제로 쭉 괴로워하고 있다.

❹ 君に手を煩わすこともないと思って、ぼく一人で事を解決してしまった。

너에게 번거롭게 손을 빌릴 일도 없다 생각하여 나 혼자서 일을 해결해 버렸다.

⑤ 不注意が大事故を引き起こすから、くれぐれも諸君の注意を煩わし

たい。

부주의가 큰 사고를 불러일으키니 부디 모두의 주의를 부탁하고 싶다.

⑥ オートメーション化された工場では人手を煩わすことなく、製品が次

々に作られてくる。

자동화된 공장에서는 사람 손을 귀찮게 빌릴 일 없이 제품이 계속 만들어진다.

157 ››› 喚く

意 ⑪ 大声で叫ぶ、大声を上げて騒ぐ

⑭ 큰소리로 외치다, 크게 떠들다, 아우성치다

用 喚くは'人が喚く(사람이 소리치다)', '大声で喚く(큰 소리로 떠들다)'처럼, 사람이 크게 외치거나 떠드는 경우에 사용한다.

例

❶ 過ぎ去ったことは泣いても喚いても取り返しがつかない。
지나간 일은 울어도 소리쳐도 되돌릴 수가 없다.

❷ 彼を許してやれ、と広場に集まった市民は口々に喚いた。
그를 용서해 주라고 광장에 모인 시민은 입을 모아 외쳤다.

❸ 私は思う通りにならないことがあると、大声で喚いて母を困らせた。
나는 생각대로 되지 않는 일이 있으면 큰소리로 외치며 어머니를 곤란하게 했다.

❹ 敵が大きく喚いて右手に握った刀の柄で必死にそれを防ごうとする。
적이 크게 외치며 오른손에 쥔 칼자루로 필사적으로 그것을 막으려고 한다.

❺ 火災が発生すると、場内の人々は泣くやら喚くやら大騒ぎになった。
화재가 발생하자 장내의 사람들은 울거나 아우성치거나 하여 크게 소란스러웠다.

[漢語動詞]

* 한어동사의 원형은 [漢語+する=漢語+す], [漢語+ずる=漢語+じる]로 나타나는데, 본서는
  [漢語+する], [漢語+ずる]를 표제어로 제시한다. 단 예문에는 구분 없이 사용한다.

例) [～ずる(じる)形]

案ずる(案じる), 演ずる(演じる), 講ずる(講じる), 乗ずる(乗じる), 転ずる(転じる),

投ずる(投じる), 念ずる(念じる), 報ずる(報じる), 封ずる(封じる), 免ずる(免じる)

[～する(す)形]

科する(科す), 祝する(祝す), 熟する(熟す) 処する(処す), 託する(託す)

博する(博す), 服する(服す), 約する(約す), 略する(略す)

158 >>> 案ずる

□□□□

意 🇯🇵 ① 考えを巡らす, 工夫して考え出す ② 心配する, 気遣う ③ 調べる

🇰🇷 ① 생각해내다 ② 걱정·근심·염려하다 ③ 조사하다

用 案ずるは '身·将来·状態を案じる(몸·장래·상태를 걱정하다)', '一計·一策を案じる (계략·대책을 생각해내다)'처럼, 무언가를 걱정하거나 생각해내는 경우에 사용한다. '案ずるより生むが安し(막상 해보면 생각보다 쉽다)'라는 속담도 있다.

例

❶ 彼の身を案じる気持ちなど毛ほども持ち合わせていないにちがいない。

그의 몸을 걱정하는 마음 등 털끝만큼도 가지고 있지 않음에 틀림없다.

❷ 宿泊先のホテルは病状を案じる一万人以上もの大群衆に囲まれている。

숙소인 호텔은 병세를 걱정하는 만 명 이상이나 되는 대군중에 둘러싸여 있다.

❸ 確かに気がかりではあるが、彼の沈黙をそれほど本気で案じる気にはなれなかった。

분명 걱정은 되지만, 그의 침묵을 그만큼 진심으로 걱정할 마음은 생기지 않았다.

❹ 困った男は空のコップを持ったまま視線を巡らせ、一計を案じる。

곤란해진 남자는 빈 컵을 든 채로 시선을 돌려 한 계책을 생각해낸다.

❺ 彼はついに一策を案じ、わざわざ彼女の留守を狙ってお土産を贈ることにした。

그는 결국 일책을 생각해내고 일부러 그녀의 부재를 노려 선물을 보내기로 하였다.

159 >>> 演ずる

□□□□

意

① ① 芝居·舞踊·演奏などをして見せる ② 役目を務める ③ 目立つようなことを行う

② ① 연기하다, 어떤 역을 맡다 ② 역할을 해내다 ③ 눈에 띄는 듯한 행동을 하다

用 演ずる는 '役を演じる(역을 맡다)', 'ドラマ·悲劇を演じる(드라마·비극을 연출하다)', '醜態を演じる(추태를 보이다)', '愚を演じる(우를 범하다)'처럼, 어떤 역을 맡거나 연기를 하거나 눈에 띄는 행동을 하는 경우에 사용한다.

例

❶ 駅は昔から人々の別れや出会いのドラマが演じられる場だった。
역은 예부터 사람들의 헤어짐이나 만남의 드라마가 연출되는 장소였다.

❷ 廊下を走って滑り、ズボンのお尻を破るなど醜態を演じてしまった。
복도를 달리다 미끄러져 바지 뒷부분이 찢어지는 등 추태를 보이고 말았다.

❸ 頭のいい彼は同じ過ちを繰り返すなどという愚は決して演じなかった。
머리가 좋은 그는 같은 실수를 반복한다거나 하는 우는 결코 범하지 않았다.

❹ 太平洋戦争末期には戦場となった沖縄を舞台にさまざまな悲劇が演じられた。
태평양전쟁 말기에는 전장이 된 오키나와를 무대로 여러 비극이 연출되었다.

❺ 舞台稽古に入ると、演出家は俳優たちが実際に演じるのを見ながら注文をつけていく。
무대연습에 들어가면 연출가는 배우들이 실제로 연기하는 것을 보면서 주문을 해간다.

160 科する(課する)

意 ⽇ ①(科する)法律で罰を与える，処する ②(課する)仕事や命令を与える

⽇ 가하다, 주다, 부과하다, 부여하다

用 科する(課する)는 '刑·罰金·制裁を科する(형·벌금·제재를 과하다)', '仕事·責任·義務を課する(일·책임·의무를 부여하다)'처럼, 법률로 벌을 주거나, 일이나 명령 등을 부과하는 경우에 사용한다.

例

❶ 法に権威を与え、不法者に適当の制裁を科することが裁判の目的であった。

법에 권위를 부여하여 불법자에 적당한 제재를 가하는 것이 재판의 목적이었다.

❷ 日本の少年法では18歳未満の者には死刑に替えて無期刑を科することになっている。

일본 소년법에서는 18세 미만인 자에게는 사형 대신 무기형을 가하게 되어 있다.

❸ 警察官に身分証明書の提示を求められた際に携帯していないと、罰金を科せられる。

경찰관에 신분증 제시를 요구받은 때에 휴대하고 있지 않으면 벌금에 처해진다.

❹ 私は拙い筆をもって、真相を究明すべき責任を自分に課することにした。

나는 서툰 붓으로 진상을 규명해야 할 책임을 자신에게 부여하기로 했다.

❺ 新しい工場の創設を促進するために、輸入製品に課する高率関税
を提案した。

새로운 공장 설립을 촉진하기 위해 수입 제품에 부과할 고율 관세를 제안했다.

❻ メンバーには守秘義務が課せられており、政府側の説明を公に
することはできない。

멤버에게는 비밀 보호 의무가 부과되어 있어 정부 측 설명을 공개할 수는 없다.

161 期する

意

㊐ ①前もって定める　②やり遂げようと決意する　③望みをかける, 期待する

㊍ ① 정하다, 기약하다　② 기하다, 다짐하다　③ 희망을 걸다, 기대하다

用 期するは '万全・慎重を期する(만전・신중을 기하다)', '後日を期する(후일을 기하
다)'처럼, 사전에 시간이나 기일을 정하거나, 마음으로 기하거나 다짐하는 경우에 사
용한다.

例

❶ 守るべき自然もあるので、開発には慎重を期すべきだろう。

지켜야 할 자연도 있으므로 개발에는 신중을 기해야 할 것이다.

❷ 連合軍は雨期明けの日を期して反撃に出る作戦を立てた。

연합군은 우기가 끝나는 날을 기하여 반격에 나서는 작전을 세웠다.

❸ 兄は近ごろ何事か深く心に期するところがあるようで、黙りがちだ。

형은 최근 무언가 깊게 마음에 다짐하는 바가 있는 듯 입을 다무는 경향이 있다.

❹ 試合直前に病で倒れたコーチの枕許でチーム全員が必勝を期した。

시합 직전에 병으로 쓰러진 코치의 머리맡에서 팀 전원이 필승을 다짐했다.

❺ 十五年ぶりのクラス会は盛況のうちに終わり、出席者全員が再会を
期して別れた。

15년 만의 반창회는 성황리에 끝나고 출석자 전원이 재회를 기약하며 헤어졌다.

162 >>> 喫^{きっ}する □□□□

意 ⓙ ①食^くう, 飲^のむ, たばこを吸^すう ②受^うける, 被^{こうむ}る

ⓚ ①마시다, 먹다, (담배)피우다 ②받다, 입다, 당하다

用 喫^{きっ}するは '茶^{ちゃ}を喫^{きっ}する(차를 마시다)', '苦杯^{くはい}を喫^{きっ}する(고배를 마시다)', '惨敗^{ざんぱい}·一敗^{いっぱい}·零敗^{れいはい}·併殺^{へいさつ}を喫^{きっ}する(참패·일패·영패·병살을 당하다)', '一驚^{いっきょう}を喫^{きっ}する(깜짝 놀라다)'처럼, 담배를 피우거나 차를 마시거나 패배를 당하거나 하는 경우에 사용한다.

例

❶ 煙草^{たばこ}を喫^{きっ}する者^{もの}はいたが、在学中酒^{ざいがくちゅうさけ}を飲^のむ者^{もの}はいなかった。
담배를 피우는 자는 있었지만, 재학 중 술을 마시는 자는 없었다.

❷ 彼^{かれ}は恋愛^{れんあい}の代^かわりに義務^{ぎむ}や服従^{ふくじゅう}を喫^{きっ}するのに飽^あき果^はてていた。
그는 연애 대신에 의무나 복종을 하는 데에 완전히 질려 있었다.

❸ 彼^{かれ}の家^{いえ}ではああいう和^{なご}やかな顔^{かお}で茶^{ちゃ}を喫^{きっ}することはめったにない。
그의 집에서는 그런 온화한 얼굴로 차를 마시는 일은 좀처럼 없다.

❹ うっかり攻^せめ込^こんで大敗北^{だいはいぼく}を喫^{きっ}する可能性^{かのうせい}についても充分^{じゅうぶん}知^しっていた。
섣불리 공격해 들어가 대 패배를 당할 가능성에 대해서도 충분히 알고 있었다.

❺ 餅^{もち}をたくさん食^たべ過^すぎた時^{とき}、大根卸^{だいこんおろし}を喫^{きっ}すると忽^{たちま}ち胸^{むね}がすくのもその訳^{わけ}だ。
떡을 너무 많이 먹었을 때 무즙을 먹으면 바로 가슴이 후련해지는 것도 그 때문이다.

163 ⟩⟩⟩ 屈する

意 🇯🇵 (自) ①折れ曲がる ②服従する，屈服する ③気が滅入る，塞ぎ込む
(他) ④体·膝·指などを折り曲げる ⑤跪く，ひれ伏す ⑥主張·節操を曲げる
⑦服従させる

🇰🇷 ① 꺾이다, 굴하다, 굴복하다 ② 굽히다, 구부리다, 무릎을 꿇다, 손꼽다 ③ 꺾다,
굴복시키다

用 屈するは '上体を屈する(상체를 구부리다)', '身を屈する(몸을 구부리다, 머리를 조아리다)', '指を屈する(손꼽다)', '敵を屈する(적을 굴복시키다)', '敵·権力·欲望に屈する(적·권력·욕망에 굴복하다)'처럼, 몸을 구부리거나 상대를 굴복시키거나, 대상에 굴복하는 경우에 사용한다.

例

❶ 私も自分の小さい家を守るためには屈せずに立とうと思っている。
나도 내 작은 집을 지키기 위해서는 굴하지 않고 일어서려고 생각하고 있다.

❷ 相手に膝を屈することは自身が間違っていると宣言する事になる。
상대에게 무릎을 꿇는 것은 자신이 틀렸다고 선언하는 것이 된다.

❸ どんな剛気な人間も土台が崩れていく恐怖には屈せざるをえない。
어떤 강인한 인간도 토대가 무너져가는 공포에는 굴복하지 않을 수 없다.

❹ 警察がテロリストの脅迫に屈することは絶対に避けなければならない。
경찰이 테러리스트의 협박에 굴복하는 것은 절대로 피하지 않으면 안 된다.

❺ 教育は特定の方法で構成されており、子供はそれに屈する必要が
あるのだ。
교육은 특정 방법으로 구성되어 있어 아이들은 그에 복종할 필요가 있다.

164 ≫≫ 講ずる

□□□□

[意]

🇯🇵 ① 講義をする　② 方策を巡らせて実行する　③ 敵と和解する, 講和する

🇰🇷 ① 강의하다　② 강구하다

[用] 講ずるは 'ꊈ文化・儒学を講ずる(문화・유학을 강의하다)', '方法・対策・措置を講ずる (방법・대책・조치를 강구하다)' 처럼, 무언가를 가르치거나 대책 등을 강구하는 경우에 사용한다.

[例]

❶ 彼は父の元で学んだ後、16歳で父に代わって儒学を講じた。
그는 아버지 밑에서 배운 후 16세에 아버지를 대신하여 유학을 강의하였다.

❷ 補導とは非行の深化を抑止するために適切な措置を講ずることを言う。
보도란 비행의 심화를 억지하기 위해 적절한 조치를 강구함을 말한다.

❸ その方法を講ずるには、まず迷信の起こる原因を知ることが肝要である。
그 방법을 강구하는 데에는 우선 미신이 발생하는 원인을 아는 것이 중요하다.

❹ 具体的な対応策を講ずるまでは、やはり不寝番でも立てるしかなさそうだ。
구체적인 대응책을 강구할 때까지는 역시 불침번이라도 세울 수밖에 없을 것 같다.

❺ これに懸念を持った市の幹部らは抜本的な対策を講ずる必要性を感じる。
이에 우려를 가진 시 간부들은 발본적인 대책을 강구할 필요성을 느낀다.

165 ≫≫ 抗する

[意] ⊕ 逆らう, 抵抗する

⊕ 맞서다, 저항·항거하다

[用] 抗するは '対象に抗する(대상에 항거하다)', '欲望·誘惑に抗する(욕망·유혹에 맞
서다)'처럼, 무언가에 맞서거나 항거하는 경우에 사용한다.

[例]

❶ 今それに抗するために何かを企てるといっても、すでに遅すぎた。
지금 그에 맞서기 위해 무언가를 계획한다고 해도 이미 너무 늦었다.

❷ エンジンを全開にしても抗することができず、船はだんだんと落ちていく。
엔진을 다 열어도 맞서내지 못하고 배는 점점 내려앉아 간다.

❸ どんなに意志強固な人間でも、この欲望に抗するのは不可能に
思われた。
아무리 의지가 강한 인간이라도 이 욕망에 맞서는 것은 불가능하게 생각되었다.

❹ その言葉の響きは抗しがたいものがあったので、彼は全然返事をし
なかった。
그 말의 울림은 저항하기 어려운 것이 있어서 그는 전혀 답을 하지 않았다.

❺ 彼は襲ってくる睡魔と半時間も闘ったが、ついに抗し切れずに眠りに
落ちた。
그는 엄습해오는 졸음과 반 시간이나 싸웠지만, 결국 맞서지 못하고 잠에 빠졌다.

166 察する □□□□

意 ㊐ ① 推し量ってそれと知る, 推察する ② 推し量って同情する, 思いやる ③ 深く調べる

㊙ ① 눈치채다, 추측하다 ② 배려하다, 헤아리다 ③ 상세히 조사하다

用 察するは '病名を察する(병명을 눈치채다)', '気持ち·苦痛察する(기분·고통을 추측하다)', '心中·立場を察する(심중·입장을 헤아리다)' 처럼, 무언가를 추측하여 알아내거나 상대의 기분 등을 헤아리는 경우에 사용한다.

例

❶ 両親を亡くした友達の気持ちを察すると心が痛む。
부모를 잃은 친구의 기분을 추측하면 마음이 아프다.

❷ 患者の苦痛を察して医師は痛み止めの注射をした。
환자의 고통을 헤아려 의사는 진통제 주사를 놓았다.

❸ 交通事故で子供を失った両親の心中は察するにあまりある。
교통사고로 자식을 잃은 부모의 심중은 추측하고도 남음이 있다.

❹ 最近元気がないけれど、察するところ試験の結果がよくなかったのだろう。
최근 기운이 없는데 추측건대 시험 결과가 좋지 않았을 것이다.

❺ 賢明な彼女はだれも病名を教えなかったが、すべてを察して静かに死を迎えた。
현명한 그녀는 아무도 병명을 가르쳐주지 않았지만 모든 것을 눈치채고 조용히 죽음을 맞이했다.

167 資する

意

＠ 実際の助けとなる, 寄与する, 役に立つ

＠ 이바지하다, 도움이 되다

用 資する는 '独立・発展・復興・教育・捜査に資する(독립・발전・부흥・교육・수사에 이바지하다, 도움이 되다)' 처럼, 무언가에 이바지하거나 도움이 되는 경우에 사용한다.

例

① その国の独立に資することがないと気付くと、支援するのを止めた。
그 나라의 독립에 이바지함이 없음을 깨닫자 지원함을 멈췄다.

② そのようなアプローチが本当に精神の起源の解明に資するかを懐疑した。
그와 같은 접근이 정말로 정신의 기원 해명에 도움이 될지를 의심했다.

③ 今後は交通円滑化による地域発展や復興加速に資すると期待されている。
앞으로는 교통 원활화에 따른 지역발전이나 부흥 가속에 공헌할 것이라 기대되고 있다.

④ その間の経験が後の多作な作家活動に大いに資するところがあったのだろう。
그간의 경험이 이후의 다작하는 작가 활동에 크게 기여한 바가 있었을 것이다.

⑤ これにより、犯罪が発生した場合の資金の流れや関与した人物の捜査に資する。
이로 인해 범죄가 발생한 경우의 자금 흐름이나 관여한 인물 조사에 도움이 된다.

168 　失する

〉〉〉 □□□□

意 　 ⑪ ①失う, 欠く　②適度の範囲を超えている

　　　 ㉔ ①잃다, 놓치다　②정도가 심하다

用 　失すると '礼・時期・機会・正鵠を失する(예・시기・기회・핵심을 잃다)', '寛大・遅きに失する(지나치게 관대하다・너무 늦다)'처럼, 무언가를 잃거나 범위를 뛰어넘는 경우에 사용한다. 격식 차린 말씨이다.

例

❶ 今ごろ届けても遅きに失するというものだ。
지금쯤 전달해도 너무 늦는다고 하는 것이다.

❷ これでは寛大に失する処置と思われるであろう。
이것으로는 지나치게 관대한 처치라고 생각될 것이다.

❸ せっかくの招待に理由もなく欠席すれば、礼を失することになろう。
모처럼의 초대에 이유도 없이 결석하면 예의를 잃는 것이 될 것이다.

❹ 返事を要する手紙に時期を失せずに返書することは大切なことだ。
답을 요하는 편지에 시기를 놓치지 않고 답장하는 것은 중요한 일이다.

❺ 原因は些細なことであったが、謝る機会を失して彼とは疎遠なままになった。
원인은 사소한 것이었지만, 사과할 기회를 잃어 그와는 소원한 채로 되었다.

169 >>>> 祝する

意　㊐ 祝う

　　㊊ 축하하다, 기념하다

用　祝する는 祝う의 한문투의 말로, '前途·凱旋·再会·名誉を祝する(전도·개선·재회·명예를 축하하다, 기념하다)'처럼, 대상에 대해 축하하거나 기념하는 경우에 사용한다.

例

❶ 物々しい送別の辞が交されて前途を祝する乾杯が行われる。
위엄있는 송별사가 교환되고 전도를 축하하는 건배가 행해진다.

❷ 戦争が済んでからの半年ばかりは、いろんな凱旋を祝する催しが

あった。
전쟁이 끝나고 나서의 반년 동안은 다양한 개선을 축하하는 모임이 있었다.

❸ 翌年、米国上院議会は満場一致で彼の生涯を祝する決議を採

択した。
이듬해 미국 상원 의회는 만장일치로 그의 일생을 기념하는 결의를 채택했다.

❹ 元気いっぱいの若者たちは規則も忘れて騒ぎ立て旧友との再会を

祝する。
기운 넘치는 젊은이들은 규칙도 잊고 법석을 떨며 옛친구와의 재회를 축하한다.

❺ この上演には音楽祭に関わった三人の人物の名誉を祝する意図が

込められていた。
이 공연에는 음악제에 관련된 세 인물의 명예를 기념하는 의도가 담겨 있었다.

― 170 ≫≫ 熟する □□□□

意 ㊐ ①実が十分に実る, 熟れる, 熟成する　②ちょうどいい時機になる　③成長して完成したものになる　④技芸が熟達したものになる

㊩ ① 익다, 숙성하다　② 무르익다　③ 숙련되다, 익숙해지다

用 熟するは '果物が熟す(과일이 익다)', '計画·気運·時期が熟す(계획·기운·시기가 무르익다)', '定義が熟す(정의가 확립되다)' 처럼, 과일 등이 익거나, 계획이나 시기 등이 무르익거나 무언가가 잘 확립되는 경우에 사용한다. 비슷한 단어로 '熟れる'가 있다.

例

❶ 最初は緑色をしているが、熟すと黄色になり、ライムにもよく似ている。
처음은 녹색을 띠고 있지만, 익으면 노랗게 되어 라임과도 매우 닮았다.

熟した銀杏は落下して周囲を埋め尽くし、これを拾い集めに来る人も多い。
익은 은행은 낙하하여 주위를 꽉 메워 이를 주워 모으러 오는 사람도 많다.

秋に白い花をつけ、翌年には緑色の果実になり、五月には黒紫色に熟す。
가을에 하얀 꽃을 피우고 다음 해에는 녹색 과실이 되어 5월에는 검보라색으로 익는다.

❷ それに応ずる覚悟が次第に自分の内側にも熟して来ている感がある。
그에 응할 각오가 점차 자신의 내면에도 무르익어 온 감이 있다.

❸ 言葉の定義が熟していなかったために議論が混乱した面もあるだろう。
말의 정의가 확립되어 있지 않았기 때문에 논의가 혼란한 면도 있을 것이다.

❹ これは全体的にどこの地域でもまだ導入するための機が熟していな

かった。

이것은 전체적으로 어느 지역에서도 아직 도입하기 위한 시기가 무르익지 않았다.

❺ 作品の構想はすっかり出来上っていたが、それに向って腰を上げ

るには機が熟していない。

작품 구상은 완전히 되어 있었지만, 그를 향해 착수하기에는 시기가 무르익지 않았다.

171 乗ずる（じょう）

□□□□

[意]

�日 ①乗り物などに乗る　②好機として逃さず利用する, 付け込む　③勢いに任せる, 赴くままにする　④掛け算をする, かける

㊹ ①타다　②기회를 이용하다, 틈타다　③기세에 맡기다, 향하는 대로 하다　④곱하다

[用] 乗ずる는 '機会·夜陰·混乱に乗ずる(기회·야음·혼란을 틈타다)', '隙·弱点·弱みに乗ずる(틈·약점·약한 곳에 파고 들다)', '勝ちに乗じる(승리에 편승하다)', '二に三を乗じる(2에 3을 곱하다)'처럼, 탈것을 타거나 기회를 잘 이용하거나 곱하거나 하는 경우에 사용한다.

[例]

❶ 内部に禍の根のない限りは外敵も乗ずることはできない。
내부에 화근이 없는 한은 외적도 파고들 수는 없다.

❷ それが私にとっては乗ずることのできる唯一の機会なのだ。
그것이 나에 있어서는 이용할 수 있는 유일한 기회이다.

❸ 夜陰に乗ずれば、貨物船に人を積み込むこともできただろう。
야음을 틈타면 화물선에 사람을 실어 넣는 것도 가능했을 것이다.

❹ 奇襲は相手の準備不整に乗ずる攻撃法で無警告攻撃ではない。
기습은 상대의 준비 부족을 틈타는 공격법으로 무경고 공격이 아니다.

❺ 収入への課税額は収入に名目固定税率を乗ずることで計算される。
수입에 대한 과세액은 수입에 명목 고정세율을 곱하는 것으로 계산된다.

172 ››› 処する □□□□

意　㊐ (自) ① ある状況に身を置く，その状況に応じた態度・行動を取る，対処する
(他) ② 取りさばく，処置する　③ 刑罰を与える，処刑する

㊓ ① 처하다, 대처하다　② 조치하다, 처치하다　③ 처형하다

用　処するは '懲役・過料・罰金に処する(징역・과료・벌금에 처하다)', '世・事態・人生
に処する(세상・사태・인생에 대처하다)', '身を処する(처신하다)', '事を処する(일을
처리하다)'처럼, 처신하거나 대처하거나, 형을 가하거나 조치하는 경우에 사용한다.

例

❶ 彼がその中でどのように身を処するかを考えると、胸が痛んでくる。
그가 그 안에서 어떻게 처신할지를 생각하면 가슴이 아파 온다.

❷ 次の各号のいずれかに該当する者は、30万円以下の罰金に処する。
다음 각호 어딘가에 해당하는 자는 30만엔 이하의 벌금에 처한다.

❸ 自分がそんな矛盾を持っていることを認識して事に処すればいいの
である。
자신이 그런 모순을 가지고 있음을 인식하고 일에 대처하면 되는 것이다.

❹ こうなると、一度軽く処罰した責任もあるので、極刑に処する外はな
かった。
이리되면 한번 가볍게 처벌한 책임도 있어서 극형에 처할 수밖에 없었다.

❺ そうと自覚しつつも、男は自分なりの方法で事態に処するしかないの
だった。
그렇게 자각하면서도 남자는 자기 나름의 방법으로 사태에 대처할 수밖에 없는 것이었다.

173 >>> 辞する

□□□□

意 圓 ① 挨拶をして帰る ② 役・職をやめる, 辞職する, 辞任する ③ 辞退する

韓 ① 물러나다, 떠나다 ② 사직·사임하다 ③ 사퇴하다

用 辞するは '面接室を辞する(면접실을 떠나다)', '職・座を辞する(직·자리를 사퇴하다)', '対決も辞さない(대결을 불사하다)'처럼, 자리를 뜨거나 사직 또는 사퇴하는 경우에 사용한다. '辞さない(불사하다)'와 같은 부정형도 많이 사용한다.

例

❶ この結果を受けて彼は大臣の職を辞する事を表明した。
이 결과를 받아들여 그는 대신 직을 사퇴함을 표명했다.

❷ 会長の座は辞するとしても引き続き理事には残る可能性があると言う。
회장 자리는 사퇴한다고 해도 계속 이사로는 남을 가능성이 있다고 한다.

❸ 秘密書類が紛失したとなれば責任上主人も職を辞さなければならない。
비밀 서류가 분실되게 되면 책임상 주인도 사직하지 않으면 안 된다.

❹ 面接室を辞するために、ドアのノブを引いた時、彼の声が背中にした。
면접실을 떠나기 위해 문의 손잡이를 당겼을 때 그의 목소리가 등 뒤에서 났다.

❺ 本当のものを求めるために、彼は水火の中に入ることをも辞さなかった。
진품을 찾기 위해 그는 물불 속으로 들어가는 것도 마다하지 않았다.

❻ それを邪魔立てするつもりなら、祖母の国との対決も辞さない覚悟だった。
그것을 방해할 생각이라면 할머니 나라와의 대결도 불사할 각오였다.

174 >>> 絶する

意 ⑪ ①他とかけ離れる, 超える ②断つ, 絶える

🇰🇷 ①훨씬 뛰어넘다, 초월하다, ~할 수 없다 ②끊다, 다하다

用 絶するは '想像·恐怖を絶する(상상·공포를 초월하다)', '比較·理解を絶する(비교·이해할 수 없다)', '言語に絶する(말로 다할 수 없다)'처럼, 생각을 훨씬 뛰어넘거나 초월하거나, 무언가를 끊는 경우에 사용한다.

例

❶ 比較を絶する大きな存在に向かっては嫉妬の施しようがないではないか。
비교할 수 없는 커다란 존재를 향해서는 질투할 방도가 없지 않은가.

❷ こういう人を私は尊敬するが、同時にこれには理解を絶するところがある。
이런 사람을 나는 존경하지만 동시에 이에는 이해하기 어려운 부분이 있다.

❸ 首都の全官庁は書類と数字を相手に想像を絶する管理戦を開始したのだ。
수도의 전 관청은 서류와 숫자를 상대로 상상을 초월하는 관리전을 개시했다.

❹ 私は自分の恐怖を絶するほど非常にこの人に驚嘆することがたびたびだ。
나는 자신의 공포를 초월할 정도로 아주 이 사람에게 경탄하는 일이 종종 있다.

❺ 言語に絶する彼の叡智に、またしても舌を巻いて驚かずにはおられなかった。
말로 다할 수 없는 그의 예지에 또다시 혀를 내두르며 놀라지 않을 수 없었다.

175 >>> 託する(托する) □□□□

意 ㋰ ①任せる，委ねる　②伝言や届け物を預ける，託ける　③気持ちなどを他の物に事寄せて表す

㋵ ①맡기다, 부탁하다　②전언이나 선물 전달을 맡기다　③구실삼아 나타내다, 어떤 형식을 빌려 나타내다, 담아 나타내다

用 託する(托する)는 '伝言を託す(전언을 부탁하다)', '命を託す(목숨을 맡기다)', '筆に託す(붓에 맡기다)', '心情を歌に託す(마음을 노래에 담다)', '小舟に身を託す(돛단배에 몸을 맡기다)', '願いが託される(기원이 담기다)'처럼, 무언가를 맡기거나 부탁하거나, 구실삼거나 빌려 나타내거나 담거나 하는 경우에 사용한다.

例

❶ 急用で行けなくなってしまったので、友達に伝言を託した。
급한 일로 갈 수 없게 되어버렸기에 친구에게 전언을 부탁했다.

❷ 直接口では言いにくかったので、筆に託して手紙で伝えた。
직접 입으로는 말하기 어려웠기에 붓의 힘을 빌려 편지로 전했다.

❸ 男たちは一本の綱に命を託して険しい岩山を登っていった。
남자들은 하나의 밧줄에 목숨을 맡기고 험난한 바위산을 올라갔다.

❹ バレンタインデーに私の心をチョコレートに託してあの人におくった。
발렌타인데이에 내 마음을 초콜릿에 담아 그 사람에게 보냈다.

❺ 男たちは厳しい北風の吹く中を小さな小舟に身を託して出漁して行った。
남자들은 거센 북풍이 부는 가운데 작은 배에 몸을 맡기고 출어에 나섰다.

⑥ 私と弟は母から託されたお土産を持って田舎のおばあさんのところへ
行った。

나와 동생은 어머니가 맡긴 선물을 들고 시골 할머니 댁으로 갔다.

⑦ 私の名前には優しい子になってほしいという両親の願いが託されて
いるのだそうだ。

내 이름에는 상냥한 아이가 되어주었으면 하는 부모의 소망이 담겨있다고 한다.

176 >>> 達する

□□□□

意 ⊕ (自)①到達する, 至る ②届く, 到着する ③及ぶ (他)④成し遂げる, 達成する, 果たす

⊕ ①달하다, 도달하다, 도착하다, 이르다, 미치다 ②숙달·통달하다 ③달성하다, 이루다

用 達するは '幸福·山頂·目標·目的地に達する(행복·산정상·목표·목적지에 이르다)', '耳に達する(귀에 들어오다)', '限界·過半数·最高値に達する(한계·과반수·최고가에 달하다)', '水準·基準·結論·合意に達する(수준·기준·결론·합의에 도달하다)', '剣術に達する(검술에 통달하다)', '目的·希望を達する(목적·희망을 달성하다)'처럼, 목표나 수준에 도달하거나 대상에 통달하거나 희망 등을 달성하는 경우에 사용한다.

例

❶ 年輪がないので樹齢を知ることは難しいが、数千年に達すると言われる。
나이테가 없어서 수령을 아는 것은 어렵지만 수천 년에 달한다고 한다.

❷ 定員に達するか入場時間になった時点で当日分の販売は打ち切られる。
정원에 달하거나 입장 시간이 된 시점에서 당일분의 판매는 중지된다.

❸ プロペラ機は原理的にジェット機よりも遥かに低い速度で限界に達する。
프로펠러기는 원리적으로 제트기보다도 훨씬 낮은 속도에서 한계에 다다른다.

❹ その土地の主と契約を結び、金額面で合意に達すれば詰め所を
建てる。

그 땅 주인과 계약을 맺고 금액 면에서 합의에 이르면 대기소를 짓는다.

❺ 考える玩具の代表がパズルであり、智恵と工夫を凝らして目的を
達する。

생각하는 완구의 대표가 퍼즐이고 지혜와 사고를 짜내 목적을 달성한다.

❻ 職務に厳正だという評判が議会のお歴々の耳に達すれば点数を
稼げる。

직무에 엄정하다는 평판이 의회의 높은 사람들 귀에 들어가면 점수를 벌 수 있다.

177 　脱する

意　⑥ ① 抜け出る, 逃れる, 脱出する　② 組織や仲間などから抜ける, 脱退する　③ 抜け落ちる, 漏れる

　⑥ ① 벗어나다, 탈출하다　② 빠지다, 탈퇴하다　③ 누락되다, 새다

用　脱するは '窮地·ピンチ·支配·最下位を脱する(궁지·핀치·지배·최하위를 벗어나다)', '組織を脱する(조직을 탈퇴하다)'처럼, 궁지나 핀치 등 어려운 상황에서 벗어나거나 탈퇴하거나 누락되는 경우에 사용한다.

例

➊ 挑戦者のまずい攻めもあってチャンピオンはピンチを脱した。
도전자의 좋지 않은 공격도 있어 챔피언은 핀치를 벗어났다.

➋ 家族の助けがあったからこそ、私は窮地を脱することができたのだ。
가족의 도움이 있었기 때문에 나는 궁지를 벗어날 수 있었다.

➌ インドがイギリスの支配を脱して独立したのは一九四七年のことである。
인도가 영국의 지배를 벗어나 독립한 것은 1947년의 일이다.

➍ 六月に入って三連勝したチームはようやく最下位を脱することができた。
6월에 들어와 3연승을 한 팀은 간신히 최하위를 탈출할 수 있었다.

➎ この小説は学生の作品にしてはよく書けているが、素人の域を脱していない。
이 소설은 학생작품치고는 잘 쓰고 있지만, 아마추어의 단계를 벗어나지 못했다.

178 >>> 挺する（てい）

□□□□

意

⑧ 進んで身を投げ出す

㉡ 자진하여 몸을 던지다, 남보다 먼저 나아가다

用 挺（てい）するは '身を挺する(몸을 던지다)', '身を挺して進む(몸을 던져 나아가다)', '身を挺して危険を防ぐ(몸을 던져 위험을 막다)' 처럼, 몸을 던져 행동하는 경우에 사용한다.

例

❶ 何ものかのために身を挺する機会は彼には与えられなかった。
누군가를 위해 몸을 던질 기회는 그에게는 주어지지 않았다.

❷ 会社の中で頭角を現わそうと思ったら、権力争いに進んで身を挺することだ。
회사 내에서 두각을 나타내려 한다면 권력 싸움에 나가 몸을 내던지는 것이다.

❸ 相手が山のベテランであればあるほど危険の多い場所に身を挺する率が高い。
상대가 등산 베테랑이면 일수록 위험이 많은 장소에 몸을 내던질 확률이 높다.

❹ その怒りが危険で報われることの少ないこの仕事に身を挺する原動力となっている。
그 분노가 위험하고 보답이 적은 이 일에 몸을 던질 원동력이 되고 있다.

❺ 可能性の追求とか苛酷な環境の中へ進んで身を挺するとかいったところで、所詮、遊びにすぎない。
가능성의 추구라든가 가혹한 환경 속으로 자진하여 몸을 던진다든가 해 본들 필시 놀이에 불과하다.

─179〉〉〉 <ruby>適<rt>てき</rt></ruby>する　　　□□□□

【意】　㊐ ①よく<ruby>合<rt>あ</rt></ruby>う　②うまく<ruby>当<rt>あ</rt></ruby>て<ruby>嵌<rt>は</rt></ruby>まる, <ruby>適合<rt>てきごう</rt></ruby>する　③<ruby>素質<rt>そしつ</rt></ruby>や<ruby>能力<rt>のうりょく</rt></ruby>がある

　　　� ①알맞다, 어울리다　②들어맞다, 적합하다　③소질이나 능력이 있다.

【用】　<ruby>適<rt>てき</rt></ruby>するは'<ruby>舞踊<rt>ぶよう</rt></ruby>に<ruby>適<rt>てき</rt></ruby>する(무용에 어울린다)', '<ruby>環境<rt>かんきょう</rt></ruby>·<ruby>稲作<rt>いなさく</rt></ruby>·<ruby>輸送<rt>ゆそう</rt></ruby>に<ruby>適<rt>てき</rt></ruby>する(환경·벼농사·수송에 적합하다)'처럼, 무언가에 잘 어울리거나 들어맞거나 적합한 경우에 사용한다.

【例】

❶ この<ruby>音楽<rt>おんがく</rt></ruby>は<ruby>舞踊<rt>ぶよう</rt></ruby>に<ruby>適<rt>てき</rt></ruby>するが、あの<ruby>音楽<rt>おんがく</rt></ruby>は<ruby>適<rt>てき</rt></ruby>さないとされる。
이 음악은 무용에 어울리지만, 저 음악은 어울리지 않는다고 여겨진다.

❷ この<ruby>車<rt>くるま</rt></ruby>が<ruby>砂漠<rt>さばく</rt></ruby>や<ruby>山地<rt>さんち</rt></ruby>での<ruby>兵員輸送<rt>へいいんゆそう</rt></ruby>に<ruby>適<rt>てき</rt></ruby>するかどうかを<ruby>調<rt>しら</rt></ruby>べるわけだ。
이 차가 사막이나 산지에서의 병력 수송에 적합한지 아닌지를 조사하는 것이다.

❸ <ruby>雨<rt>あめ</rt></ruby>が<ruby>多<rt>おお</rt></ruby>かったので、これまで<ruby>乾<rt>かわ</rt></ruby>いていた<ruby>畑<rt>はたけ</rt></ruby>が<ruby>稲作<rt>いなさく</rt></ruby>に<ruby>適<rt>てき</rt></ruby>する<ruby>田<rt>た</rt></ruby>になった。
비가 많이 와서 지금까지 말라 있던 밭이 벼농사에 적합한 논이 되었다.

❹ <ruby>海底<rt>かいてい</rt></ruby>に<ruby>潜<rt>ひそ</rt></ruby>んで<ruby>他<rt>ほか</rt></ruby>の<ruby>魚<rt>さかな</rt></ruby>を<ruby>襲<rt>おそ</rt></ruby>うのに<ruby>適<rt>てき</rt></ruby>するため、<ruby>口<rt>くち</rt></ruby>はやや<ruby>上<rt>うえ</rt></ruby>を<ruby>向<rt>む</rt></ruby>いている。
해저에 숨어 다른 물고기를 습격하는데 알맞도록 입은 조금 위를 향하고 있다.

❺ <ruby>日本<rt>にほん</rt></ruby>も<ruby>移動<rt>いどう</rt></ruby>をして<ruby>採集<rt>さいしゅう</rt></ruby>をしてきた<ruby>民族<rt>みんぞく</rt></ruby>が<ruby>日本<rt>にほん</rt></ruby>の<ruby>環境<rt>かんきょう</rt></ruby>に<ruby>適<rt>てき</rt></ruby>する<ruby>農業<rt>のうぎょう</rt></ruby>をするようになった。
일본도 이동하며 채집을 해온 민족이 일본의 환경에 적합한 농업을 하게 되었다.

意　🇯🇵 ①貫いて奥深くに達する　②主張・態度・役割などを貫き渡す　③その時間のすべてを通しす

　　🇰🇷 ①사무치다　②철저하다, 투철하다, 꿰뚫어 보다　③밤을 세우다

用　徹するは '骨・骨髄・骨身に徹する(뼈・골수・몸에 사무치다)', '機能・役割・任務に徹する(기능・역할・임무에 철저하다)', '夜を徹する(밤을 세우다)'처럼, 몸에 사무치거나 무언가를 철저하게 하거나 밤을 세우는 경우에 사용한다.

例

❶ それはまったく予想もしない一撃であり、骨に徹するものであった。
그것은 전혀 예상도 하지 않은 일격으로 뼈에 사무치는 것이었다.

未解決のまま捜査本部を解散する時の口惜しさは捜査官の骨身に徹する。
미해결인 채로 수사본부를 해산할 때의 분함은 수사관의 뼈에 사무친다.

❷ 確かに彼は強敵だが、防戦に徹すれば私とて簡単には敗れない。
분명 그는 강적이지만 철저히 방어전으로 나가면 나라고 간단히는 지지 않는다.

敵から攻撃された際に、反撃するか守りに徹するかの行動を選択する。
적에게 공격당했을 때 반격할지 수비를 철저히 할지의 행동을 선택한다.

❸ 夜を徹する作業とはいえ、力仕事ではなく比較的割の良いバイトらしい。
밤새는 작업이라고 하나 육체노동이 아니라 비교적 괜찮은 알바인 모양이다.

④ 政治新聞の色彩を改めて商業紙に徹する編集方針で読者を増やした。

정치 신문의 색채를 바꾸어 상업지에 전념하는 편집방침으로 독자를 늘렸다.

⑤ 今は青雲の志は消えて純粋に芸術に徹する気持ちだけが残っている。

지금은 청운의 뜻은 사라지고 순수하게 예술에 전념하는 마음만이 남아 있다.

181 >>> 転ずる

□□□□

意
- �日 方向や状態などが変わる, 変える
- ㊰ 바뀌다, 변하다, 바꾸다

用 転じるは'進路·話題を転じる(진로·화제를 바꾸다)', '目を転じる(눈을 돌리다)', '減少に転じる(감소로 바뀌다)', '意味から転じる(의미로부터 변하다)'처럼, 방향이나 상태 등을 바꾸거나 바뀌는 경우에 사용한다.

例

❶ 以後人口は減少に転じたが、21世紀に入って再び増加傾向にある。
이후 인구는 감소로 돌았지만 21세기에 들어 다시 증가 경향에 있다.

❷ そちらに目線を転じると、大勢の人がすでに待機しているのが見えた。
그쪽으로 시선을 돌리자 많은 사람이 이미 대기하고 있는 것이 보였다.

❸ 実りの秋から転じて、季節に関わらず、収穫時期を秋と呼ぶことが
ある。
결실의 가을에서 변하여 계절에 상관없이 수확시기를 가을이라 부르는 일이 있다.

❹ 元々左利きだったが、小学5年生の時に父親の命令により右投げに
転じた。
원래 왼손잡이였는데 초등학교 5학년 때 아버지의 명령에 따라 우완 투수로 바꿨다.

❺ 本来の意味から転じて、何らかの物の勢いが最も盛んな時期のことを
峠という。
본래의 의미에서 바뀌어 어떤 사물의 기세가 가장 왕성한 시기를 고개라고 한다.

─(182)　>>>　投ずる　□□□□

意　⊕ (他)①物を投げる　②投げ込む　③身投げをする　④注ぎ込む, 投入する　⑤薬を与える, 投与する　(自)⑥自ら進んである場所や環境の中に入る　⑦乗じる, つけいる　⑧互いに一致するようにする, 投合する

　　　🇰🇷 (타)① 던지다　② 집어넣다　③ 투항하다, 투신하다　③ 투입하다, 투여하다
　　　(자)① 속에 들어가다　② 타다, 편승하다　③ 투합하다

用　投ずる는 '私財・費用を投ずる(사재・비용을 털어넣다)', '票を投じる(투표하다)', '身を投ずる(투신하다)', '一石を投じる(돌을 던지다, 파문을 일으키다)', '時流に投じる(시류에 맞추다)'처럼, 무언가를 던지거나 집어넣거나 무언가에 편승하거나 맞추는 경우에 사용한다.

例

❶ 初めはそれほど白くないが、火中に投ずると雪のように白くなる。
処음은 그다지 하얗지 않지만, 불 속에 집어넣으면 눈처럼 하얗게 된다.

剥がして投ずれば炎を発し、石であろうと金属であろうと、灰も残さず灼き尽くす。
벗겨서 던지면 불꽃을 일으키며 돌이든 금속이든 재도 남기지 않고 모두 태운다.

❷ 作曲に向かう衝動は抑えがたく、彼はまた制作に身を投じる。
작곡을 향한 충동은 억제하기 어려워 그는 또 제작에 몸을 던진다.

銃を交えての戦いに身を投ずるということは考えるだけでも耐えられなかった。
총격을 주고받는 전쟁에 몸을 던진다는 것은 생각하는 것만으로도 참을 수 없었다.

③ 税金を投じて私有地への大規模な植林を行うことに批判もある。

세금을 투입하여 사유지로의 대규모 식림을 행하는 것에 비판도 있다.

私財を投じて川に橋をかけることで河岸を拡張することもあった。

사재를 투입해 강에 다리를 놓는 것으로 강가를 확장하는 일도 있었다.

④ 世界の教育界へ一石を投じる活動に今後も目が離せない。

세계의 교육계에 파문을 일으키는 활동에 앞으로도 눈을 뗄 수 없다.

議会では弾劾に反対票を投じるなど党の一員として行動した。

의회에서는 탄핵에 반대표를 던지는 등 당의 일원으로서 행동했다.

⑤ この曲は相当難解で一般人の好みに投ずる甘美さなどはない。

이 곡은 꽤 난해하여 일반인 취향에 맞는 감미로움 따위는 없다.

二人の歌った歌詞はてきぱきして人気に投ずるようなものであった。

둘이 부른 가사는 시원시원하여 인기에 파고드는 그런 것이었다.

183 >>> 任ずる (にん)

□□□□

意

⑤ (他) ①ある職務に就かせる、任命する ②自任する (自) ③仕事に努める、当る

⑥ (타) ① 임명하다 ② 임하다, 떠맡다 (자) ③임하다, 자처하다

用

任ずる는 '大臣・社長に任じる(장관・사장에 임명하다)', '調査を任じる(조사를 맡기다)', '国政に任じる(국정에 임하다)', '処理に任じる(처리를 떠맡다),' '芸術家を持って任じる(예술가를 자처하다)'처럼, 자리에 임명하거나 일을 맡거나 임무에 임하는 경우에 사용한다. 비슷한 표현으로 '課長に補する(과장에 보하다)'와 같은 '補する(보하다, 임명하다)가 있다.

例

❶ 彼は行政を司る市の最高責任者で、すべての市公務員を任ずる。

그는 행정을 관장하는 시의 최고 책임자로 모든 시 공무원을 임명한다.

❷ 判事は彼を裁判所の警部に任ずることによって彼に公的な身分を与えた。

판사는 그를 법원의 경위로 임명함에 따라 그에게 공적인 신분을 주었다.

❸ 戦争時には上陸作戦や占領地の守備に任ずる専門の陸戦隊として運用された。

전쟁시에는 상륙 작전이나 점령지의 수비에 임하는 전문해병대로서 운용되었다.

❹ 古代では「水の女」というべき、水の管理に任ずる宗教的女性が活躍していた。

고대에는 '물의 여자'라고 불러야 할 물 관리를 맡은 종교적 여성이 활약했었다.

❺ 他方では与論の指導者を以て任ずる人々が、新聞を発行して盛んに
政府の専制を攻撃する。

한편으로는 여론의 지도자를 자처하는 사람들이 신문을 발행하여 맹렬히 정부의 전제를 공격한다.

❻ 褒められても貶されても深く関心を示さなかったろうし、自ら任ずるほ
どの作とも思っていなかった。

칭찬받아도 비방당해도 크게 관심을 보이지 않았을 것이고 스스로 자처할 정도의 작품이라고도 생각
하지 않았다.

184 >>> 念ずる □□□□

意　⊕ ① 成就や実現を強く願う　② 神仏に祈る, 心の中で経文などを唱える

　　　㉿ ① 기원하다, 염원하다　② 빌다, 기도하다, 경을 외다

用　念ずる는 '無事を念じる(무사를 기원하다)', '神を念じる(신을 외우다)'처럼, 무언가

　　　를 기원하거나 신에게 기도하거나 염불을 외는 경우에 사용한다.

例

❶ 私はその魂をいやが上にも清らかに曇りなくしたいと念じた。
나는 그 혼을 더욱더 깨끗하고 맑게 하고 싶다고 빌었다.

❷ 今はとにかく、ここから生きて還ることだけを念じなければならない。
지금은 어쨌든 여기에서 살아 돌아가는 것만을 기원하지 않으면 안 된다.

❸ 視線に気づいてほしいと念じながら、華奢な肩の辺りをじっと見つめた。
시선을 알아차렸으면 하고 바라면서 연약한 어깨 주위를 가만히 쳐다봤다.

❹ 見つからないことを念じてはいたが、万一の場合の準備はできていた。
발견되지 않을 것을 빌고는 있었지만, 만일의 경우에 대한 준비는 되어 있었다.

❺ 不安に駆られ、仲間がだれか助けに来てくれないかと念じている
らしい。
불안에 휩싸여 동료가 누군가 도와주러 오지 않을까 하고 빌고 있는 것 같다.

❻ 明日こそは吹雪が止むようにと、誰もが念じているのが私にも
分かった。
내일이야말로 눈보라가 그치도록 하며 모두가 염원하고 있는 것을 나도 알았다.

185 〉〉〉 **排する/廃する**

[排<small>はい</small>する]

[意]

🇯🇵 ①障害となるものを退ける, 排斥する ②順序に従ってならべる, 排列する

🇰🇷 ①물리치다, 배제·배척하다 ②배열하다, 순서대로 나열하다

[用] 排するは'干渉を排する(간섭을 배제하다)', '情を排する(정을 배제하다)', '順に排する(순서로 배열하다)'처럼, 무언가를 배제·배척하거나 순서대로 배열·나열하는 경우에 사용한다.

[例]

❶ 感傷主義を排するのは当然としても感傷主義と浪漫主義とは違う。

감상주의를 배제하는 것은 당연하다 해도 감상주의와 낭만주의는 다르다.

❷ 教師は学級においては教室外の一切の干渉を排するという態度で臨む。

교사는 학급에서는 교실 외 일체의 간섭을 배제한다는 태도로 임한다.

❸ この頃分析を排する傾向があるが、しかし分析なしには学問というものはない。

요즘 분석을 배제하는 경향이 있지만, 그러나 분석 없이는 학문이라는 것은 없다.

❹ 過剰な重量や無駄な容積を排する観点から二重底はとても窮屈な空間となる。

과잉된 중량이나 쓸데없는 용적을 배제하는 관점에서 이중 바닥은 아주 옹색한 공간이 된다.

❺ 情を排する冷徹な現実主義者との評価がある一方、法よりも人情を優先させた事例もある。

정을 배제하는 냉철한 현실주의자라는 평가가 있는 한편 법보다 인정을 우선시한 사례도 있다.

[廃する]

意 🇯🇵 ① それまで続けてきたことを止める、廃止する ② その地位から退かせる

🇰🇷 ① 폐지하다, 그만두다 ② 폐하다, 폐위하다

用 廃するは '事業を廃する(사업을 폐하다)', '虚礼を廃する(허례를 폐지하다)', '王を廃する(왕을 폐하다)'처럼, 해오던 일을 그만두거나 폐지하거나 대상을 폐하는 경우에 사용한다.

例

❶ 文科系の大学は事実上、業を廃することになりかねない。
문과계 대학은 사실상 학문을 폐하게 될지도 모른다.

❷ 一旦、即位した皇帝を廃することは、ただごとではないのである。
일단 즉위한 황제를 폐하는 것은 예삿일이 아니다.

❸ この選挙では旧裁判所派が多数となり、新裁判所を廃する法を通した。
이 선거에서는 구 법원 파가 다수가 되어 신 법원을 폐지하는 법을 통과시켰다.

❹ 飾りものにすぎないとはいえ、天子を廃するのは心理的に至難のことなのだ。
장식에 지나지 않는다고는 하나 천자를 폐하는 것은 심리적으로 극히 어려운 일이다.

❺ 彼は寝食を廃するほどではなかったが、精力と情熱を捧げてこの研究に熱中した。
그는 침식을 폐할 정도는 아니었지만, 정력과 정열을 바쳐 이 연구에 열중했다.

─186 >>> 博する

意 ⑤ ①自分のものにする ②広める

⑥ ①얻다, 차지하다 ②떨치다

用 博するは '好評・人気を博す(호평・인기를 얻다)', '利益を博する(이익을 독차지하다)', '名声を博す(명성을 떨치다)' 처럼, 평가를 얻거나 이익을 차지하거나 명성을 떨치는 경우에 사용한다.

例

❶ 神父はある記者によって世界的な名声を博すようになっていた。
신부는 어떤 기자에 의해 세계적인 명성을 떨치게 되었다.

❷ 映画の中での彼女の演技は批評家や観客からも好評を博した。
영화 속에서의 그녀의 연기는 비평가나 관객에게서도 호평을 얻었다.

❸ 絵だけではすぐ飽きられるので、これに語りを付けたものが人気を博した。
그림만으로는 바로 싫증을 내, 이에 이야기를 붙인 것이 인기를 얻었다.

❹ 新機種はリーズナブルな価格と互換性の良さが評価され、好評を博した。
신기종은 적당한 가격과 좋은 호환성이 평가받아 호평을 얻었다.

❺ 現代ではゲームやアニメ、漫画などサブカルチャーを中心に人気を博す。
현대에는 게임이나 애니메이션, 만화 등 서브컬처를 중심으로 인기를 얻는다.

187 ＞＞＞ 発する（はっ）　□□□□

意

（日）(自) ① 源として起こる, 生じる, 始まる　② 出て行く, 出発する　③ 外へ現れ出る
(他) ④ 物事を起こす, 生じさせる　⑤ 出発させる, さし向ける　⑥ 外へ向かって出す, 放つ　⑦ 気持ちや考えを明らかにする, 口から言葉を出す　⑧ 矢・弾丸などを打ち出す

（韓）① 발하다, 발생하다, 시작하다　② 출발하다　③ 일으키다, 내다, 발표하다, 알리다, 발사하다, 사람을 보내다

用

発するは '駅を発する(역을 출발하다)', '感染病が発する(감염병이 발생하다)', '酔いが発する(취기가 오르다)', '源を発する(발원하다)', '端を発する(발단하다)', '声を発する(소리를 내다)', '光を発する(빛을 발하다)', '弾丸を発する(탄환을 발사하다)', '声明を発する(성명을 발표하다)', '特使・使いを発する(특사・심부름꾼을 보내다)'처럼, 어떤 것으로부터 출발하거나 나오거나 발생하거나 하는 경우에 사용한다.

例

❶ この部隊が視界に入った時、砦の塔から警告弾が発せられた。
이 부대가 시야에 들어왔을 때 요새의 탑에서 경고탄이 발사됐다.

❷ この路線は戦前の大正自動車が運行していた路線に端を発する。
이 노선은 전전 타이쇼자동차가 운행하던 노선에서 시작된다.

❸ これに向かって言葉を発すると一定時間後に山彦となって帰ってくる。
이것을 향해 말을 하면 일정 시간 후에 메아리가 되어 돌아 온다.

❹ 捕虜は警官らが入ってきてからは一言も発せず、頭を垂れていた。
포로는 경관들이 들어오고 나서는 한마디도 하지 않고 고개를 숙이고 있었다.

⑤ 島の住民の多くは避難命令が発せられた後も島から出ることを拒んだ。

섬 주민 대부분은 피난 명령이 난 후에도 섬에서 나오는 것을 거부했다.

⑥ 勅令とは天皇・皇帝・国王などの君主が直接発する命令・法令の

ことである。

칙령이란 천황·황제·국왕 등의 군주가 직접 발한 명령·법령을 말한다.

⑦ この粘土壁は劇場で発せられた声や音が反響するよう設計された

ものである。

이 점토 벽은 극장에서 나온 소리나 음이 반향하도록 설계된 것이다.

188 >>> 罰する

意　⑪ 罰を与える, 処罰する

　　㉔ 벌하다, 처벌하다

用　罰する는 '人を罰する(사람을 벌하다)', '密漁は罰せられる(밀렵은 처벌받는다)' 처럼, 벌을 주거나 처벌하는 경우에 사용한다.

例

❶ 人を罰する時は冷静な判断を持って当たるべしと書かれている。
사람을 벌할 때는 냉정한 판단을 가지고 임해야 한다고 쓰여있다.

❷ それを怒った国王はその国独自の処刑方法で若者を罰することにした。
그에 화가 난 국왕은 그 나라 독자적인 처형 방법으로 젊은이를 벌하기로 하였다.

❸ 英国には覆面をして町を歩くと罰せられる町があると耳にしたことがある。
영국에는 복면을 하고 거리를 걸으면 처벌받는 거리가 있다고 들은 적이 있다.

❹ 露見すれば罰せられずにはすまない身であることも充分に承知している。
드러나면 처벌받지 않고는 끝나지 않을 몸인 것도 충분히 알고 있다.

❺ 法を犯した者はいかなる理由があろうとも罰せられなければならない。
법을 어긴 자는 어떠한 이유가 있든 처벌받지 않으면 안 된다.

❻ ここでは地域の農民の狩猟は禁止されており、密漁は厳しく罰せられた。
여기서는 지역 농민의 수렵은 금지되어 있어 밀렵은 엄하게 처벌되었다.

189 >>> 瀕する (ひん)　□□□□

意 ㊤ さし追った事態に近づく, よくない事態に直面する

㊦ 처하다, 직면하다

用 瀕する(ひん)는 '死·危険·危機に瀕する(죽을 상황·위험·위기에 처하다)'처럼, 위기나 위험에 처하거나 어떤 상황에 직면하는 경우에 사용한다.

例

❶ 飢餓に瀕しているあの町には分け取る品も少なくなっている。
기아에 직면하고 있는 그 마을에는 나눠 가질 물건도 적어졌다.

❷ フォローを受けられずに死の危険に瀕し、相当にショックを受けていた。
도움을 받지 못하고 죽음의 위험에 처해 상당히 쇼크를 받고 있었다.

❸ 絶滅の危機に瀕している野生生物の状況は短期間で悪化することもある。
멸종 위기에 처해있는 야생 생물의 상황은 단기간에 악화하는 일도 있다.

❹ 破滅に瀕した一家を死の淵から救い、実り多い人生を与えてやったのだ。
파멸에 처한 일가를 죽음의 나락에서 구해 풍성한 인생을 제공해 주었다.

❺ 一人は死に瀕し、二人は気を失って、三人三様の姿で、ぶっ倒れている。
한 사람은 죽기 직전이고 둘은 정신을 잃어 3인 3색의 모습으로 쓰러져 있다.

─(190)>>> 封ずる □□□□

[意] ⊕ ①場所を閉じて塞ぐ ②自由に発言·行動できないように押さえ付ける ③封
をする

⊕ ①막다, 봉하다 ②봉쇄하다, 틀어막다

[用] 封じるは'袋を封じる(주머니를 봉하다)', '入り口·空港を封じる(입구·공항을 봉쇄하
다)', '口·道を封じる(입·길을 막다)', '自由を封じる(자유를 가로막다)', '攻撃を封じ
る(공격을 막다)'처럼, 주머니나 봉투를 봉하거나 장소를 봉쇄하거나 발언이나 행동
을 틀어막는 경우에 사용한다. '口封じ(입막음)'처럼 명사로도 사용한다.

[例]

❶ 金で口を封じるような医者を訊ねて治療させる例があった。
돈으로 입을 틀어막는 그런 의사를 찾아 치료시킨 예가 있었다.

ひょっとすると、その場で俺の口を封じることも考えたかもしれない。
어쩌면 그 자리에서 내 입을 틀어막는 것도 생각했을지도 모른다.

❷ 両手、両足を封じるようにのしかかられて、まったく動きがとれない。
양손, 양발을 봉쇄하듯 덮쳐 눌러져 전혀 움직일 수 없다.

自分はこの手紙を封じる時、ようやく義務が済んだような気がした。
나는 이 편지를 봉할 때 드디어 의무가 끝난 듯한 느낌이 들었다.

❸ 彼は批判を封じるために、この発明に対して特許を取らずに広めた。
그는 비판을 막기 위해 이 발명에 대해 특허를 내지 않고 활용하도록 했다.

❹ 片手で抵抗を封じることもできるくらいに、自分の方には力があるのだ。

한 손으로 저항을 막는 것도 가능할 정도로 내 쪽에는 힘이 있다.

❺ 夢の内容を本に封じる作業を始めて、二か月ほど経った日のこと

だった。

꿈의 내용을 책에 봉하는 작업을 시작하고 2개월 정도 지난 날의 일이었다.

191 >>> 付する(附する) □□□□

意 ⊜ (自) ① 付いてゆく、付き従う　(他) ② 付ける, 添える　③ 与える, 交付する

⊛ ① 붙이다, 첨부하다　② 부치다, 회부하다　③ 주다, 교부하다

用 付する(附する)는 '条件·図表·証明書·傍線を附する(조건·도표·설명서·밑줄을 붙이다)', '公判·委員会·不問に付する(공판·위원회·불문에 부치다)', '親に付して 行く(부모에 따라가다)'처럼, 무언가를 따라 붙이거나, 무언가에 부치거나 회부하는 경우에 사용한다.

例

❶ 競争に付することが不利と認められる場合には随意契約が認められる。
경쟁에 부치는 것이 불리하다고 인정되는 경우에는 수의 계약이 인정된다.

❷ 家屋番号は当該建物の敷地の地番と同じ番号を付するのが原則である。
가옥 번호는 해당 건물의 부지 번호와 같은 번호를 붙이는 것이 원칙이다.

❸ これを受けて会社法は定款で株式に譲渡制限を付することを認めている。
이것을 받아 회사법은 정관으로 주식에 양도 제한을 붙이는 것을 인정하고 있다.

❹ 一度無罪と決定したものは同一の犯罪で再び公判に付する能わずと言う。
한번 무죄로 결정된 것은 동일 범죄로 다시 공판에 부칠 수 없다고 한다.

❺ 寺院に建立者の名を付するのは比較的一般的なことであったものと
考えられる。

사원에 건립자의 이름을 붙이는 것은 비교적 일반적인 일이었다고 생각된다.

❻ 統一主体国民会議を構成して憲法改正案を作って国民投票に
付することを指示した。

통일주체국민회의를 구성하여 헌법 개정안을 만들어 국민 투표에 부칠 것을 지시했다.

192 >>> 服ふくする □□□□

意 �日 (自)①従したがう (他)②言葉ことばに従したがわせる, 屈服くっぷくさせる ③飲のむ, 服用ふくようする

㊹ ①복종하다, 따르다 ②따르게 하다, 복종시키다 ③먹다, 마시다, 입다, 착용하다

用 服ふくするは '喪もに服ふくする(복상하다)', '刑罰しょばつに服ふくする(형벌에 따르다)', '監督かんとく・命令めいれいに服ふくする(감독·명령에 복종하다)', '兵役へいえき・責任せきにん・義務ぎむに服ふくする(병역·책무·의무에 복무하다)'처럼, 지시나 명령에 따르거나 병역에 복무하거나 약 등을 복용하는 경우에 사용한다.

例

① 彼かれは妻つまの喪もに服ふくするため、一年間いちねんかんじゅう銃とらないのだと説明せつめいした。
그는 아내의 상을 치르기 위해 1년간 총을 들지 않는 것이라 설명했다.

② 法令ほうれいに違反いはんし、裁判さいばんの判決はんけつで刑罰けいばつに服ふくすることとなった者ものを収容しゅうようする。
법령에 위반되어 재판의 판결로 형벌에 따르게 된 자를 수용한다.

③ 親権しんけんに服ふくするのは未成年みせいねんの子こおよび独立どくりつの生計せいけいを立たてていない成年せいねんの子こである。
친권에 복종하는 것은 미성년 아이 및 독립 생계를 꾸리고 있지 않은 성년 아이이다.

④ いずれの管理かんりする有料道路ゆうりょうどうろについても工事検査こうじけんさなど国土交通省こくどこうつうしょうの監督かんとくに服ふくする。
어떤 관리하는 유료 도로에 대해서도 공사 검사 등 국토교통성의 감독에 따른다.

⑤ 手工業者の組合結成も承認され、その組織は市参事会の下に服

することになった。

수공업자의 조합 결성도 승인되어 그 조직은 시 참사회의 밑에 복속하게 되었다.

⑥ 身体検査と口頭試問、学科試験に合格すると採用の日から二年

間現役に服する。

신체검사와 구두시험, 학과 시험에 합격하면 채용일부터 2년간 현역으로 복무한다.

193 >>> 報ずる _{ほう}

□□□□

意　⑧ ①恩返しをする, 報いる　②仕返しをする, 報復する　③広く一般に知らせる

　　　⑪ ① 보답하다, 보복하다　② 보도하다, 알리다

用　報ずる는 'ご恩・師の恩に報ずる(은혜・스승의 은혜에 보답하다)', '恨み・仇を報ず
る(원한・원수를 갚다)', '事件・経過・近況・内容を報じる(사건・경과・근황・내용을 알
리다)', '新聞に報ずる(신문에 보도하다)'처럼, 은혜에 보답하거나 보복하거나, 신문
등에 보도하는 경우에 사용한다.

例

❶ 二人が待っていると、時を報じる音が微かに陰欝に聞こえて来た。
두 사람이 기다리고 있자 시간을 알리는 소리가 희미하고 음울하게 들려왔다.

❷ この地震は津波を起こすほどのものではなく、被害は報じられていない。
이 지진은 해일을 일으킬 정도의 것이 아니어서 피해는 보도되지 않았다.

❸ 他に強風が吹いている海域や濃い霧が発生している海域も報じられる。
그밖에 강풍이 불고 있는 해역이나 짙은 안개가 발생하고 있는 해역도 보도된다.

❹ 北朝鮮メディアは表敬訪問と報じたが、会談内容は明らかになって
いない。
북한 미디어는 예방이라고 보도했지만, 회담 내용은 밝혀지지 않았다.

❺ この事実は関係者以外に伏せられ、一般に報じられたのは11日後で
あった。
이 사실은 관계자 이외에 숨겨져 일반에게 알려진 것은 11일 후였다.

194 　滅する

意 　🈁 ① 滅ぼす, なくす, 消す　② 滅びる, 死ぬ, なくなる, 消える

　　🇰🇷 ① 멸하다, 멸망시키다, 없애다　② 멸망하다, 없어지다

用 　滅するは '敵を滅する(적을 멸하다)', '私心を滅する(사심을 없애다)', '生ある者は必ず滅する(생자필멸)'처럼, 대상을 멸하거나 없애는 경우와 대상이 멸망하거나 없어지는 경우에 사용한다.

例

① 形あるものなら、捕らえることも滅することもできる。
형태 있는 것이라면 잡는 것도 없애는 것도 가능하다.

② 人は自己を滅することによって、かえって自己を獲得する。
사람은 자기를 없애는 것에 의해 오히려 자기를 획득한다.

③ 実をいうと、彼の生命もこの星の光が滅するまでである。
사실을 말하면 그의 생명도 이 별의 빛이 사라질 때까지이다.

④ 女神に操られたその身を滅することにより、あなたは浄められる。
여신에게 조종당한 그 몸을 멸하는 것에 따라 당신은 깨끗해진다.

⑤ それと同じことで我々の心も死んだからといって決して滅するものでない。
그것과 같은 것으로 우리 마음도 죽었다고 해서 결코 없어지는 것이 아니다.

195 》》》 **免ずる**　　　　　□□□□

意

⊕ ①許して義務·任務などを免除する　②職を辞めさせる, 免職にする　③体面·功労などを考慮して罪や過失を特に許す

㊨ ①면하다, 면제하다　②면직하다, 해임하다　③고려하여 용서하다

用

免じるは '税金を免じる(세금을 면제하다)', '職を免ずる(면직하다)', '顔·親に免じて許す(얼굴·부모를 봐서 용서하다)'처럼, 책무 등을 면해주거나, 직을 해임하거나, '~に免じて'의 형태로 사용되어 체면이나 공로를 고려하여 봐주는 경우에 사용한다.

例

❶ 二人の気持ちに免じて今回だけは特別に不問にしてあげる。
두 사람의 마음을 봐서 이번만은 특별히 불문에 부치겠다.

❷ ここはどうかこの私の顔に免じて、落ち着いてはもらえまいか。
이것은 부디 이런 나의 얼굴을 봐서 조용히 넘어가 줄 수는 없을지.

❸ 免じられるのは罰であり、罪が無かったことになるわけではない。
면해지는 것은 벌이고, 죄가 없던 일로 되는 것은 아니다.

❹ 君たちが案外おとなしくしていたのに免じて、ご馳走をしようと思うんだ。
너희가 의외로 조용히 하고 있던 점을 봐서 한턱내려고 한다.

❺ 律令制で定められた五罪について、銅を納めることで刑罰を免じられた。
율령제로 정해진 5죄에 대해 동을 납부하는 것으로 형벌이 면제되었다.

196 >>> 模する

意
- ⓐ あるものに似せて作る、真似る
- ⓚ 본뜨다, 모방하다, 흉내 내다

用 模するは‘形・鎧・城を摸する(형태·갑옷·성을 본뜨다)’처럼, 대상에 비슷하게 본뜨거나 흉내 내는 경우에 사용한다.

例

① 日本の中近世の城を摸したもので、巨大な天守閣が目立つ。
일본의 중근세의 성을 모방한 것으로 거대한 성루가 눈에 띈다.

② 機械はそもそもの始まりにおいて自然を摸するところが起点だった。
기계는 애초의 시작에서 자연을 모방하는 바가 기점이었다.

③ 拳から人差し指と親指が伸びて子供が拳銃を摸す時の形を作る。
주먹에서 검지와 엄지손가락이 펴져 아이가 권총을 흉내 낼 때의 형태를 만든다.

④ その傍らには人間の形を摸した、等身大の木の人形が置かれていた。
그 옆에는 인간의 형상을 본뜬 등신대의 나무 인형이 놓여 있었다.

⑤ 水がホースなどで継続的に供給可能な場合は川や湖を摸すこともできる。
물이 호스 등으로 계속 공급 가능한 경우는 강이나 호수를 모방할 수도 있다.

⑥ 庭園の両脇にはヨーロッパの町並みを摸したショッピングモールが造られていた。
정원의 양옆에는 유럽의 거리를 모방한 쇼핑몰이 지어져 있었다.

197 >>> 約する _{やく}

□□□□

[意]

🇯🇵 ①約束する, 取り決める　②省略する, 略する　③短く詰める, 要約する

🇰🇷 ① 약속하다, 기약하다　② 줄이다, 생략하다　③ 요약하다

[用]

約する는 '後日·再会を約する(후일·재회을 기약하다)', '手続きを約する(절차를 줄이다)', '内容を約する(내용을 요약하다)', '経費を約する(경비를 줄이다)'처럼, 무언가를 약속 또는 기약하거나, 내용을 줄이거나 요약하는 경우에 사용한다.

[例]

❶ 用心棒稼業の者たちは再会を約する言葉は口にしない。
호위를 직업으로 하는 자들은 재회를 기약하는 말은 하지 않는다.

❷ 別の遺児には「また来るよ」と再会を約する言葉を残している。
다른 부모 잃은 아이에게는 '또 올게'라고 재회를 약속하는 말을 남기고 있다.

❸ この意味において共産主義者はその理論を一言に約することができる。
이런 의미에서 공산주의자는 그 이론을 한마디로 요약할 수 있다.

❹ 天皇の指示を尊重した幕政を約する文書を提出して朝廷と幕府の関係は激変した。
천황 지시를 존중한 막부정치를 약속하는 문서를 제출하고 조정과 막부 관계는 격변했다.

❺ この場のこと一切を含め、口を閉じ、御沙汰に従うと約するのであれば仕置きはしない。
이곳 일 일체를 포함하여 입을 다물고 분부에 따른다고 약속하면 처벌하지 않겠다.

198 有する

意　⊕ 持つ, 持っている, 所有する

　　　⊕ 가지다, 소유하다

用　有するは·'権限·能力·資産·規模を有する(권한·능력·자산·규모를 갖다)'처럼, 무언가를 갖거나 소유하는 경우에 사용한다.

例

❶ 一定額の資産を有する外国人に限って帰化を認めることとしている。
일정액의 자산을 갖는 외국인에 한해 귀화를 인정하는 것으로 하고 있다.

❷ 議員とは議会などの合議制の機関を組織し、議決権を有する者を指す。
의원이란 의회 등의 합의제기관을 조직하고 의결권을 갖는 자를 가리킨다.

❸ 攻撃能力を有する無人航空機や徘徊型兵器が新たな脅威になっている。
공격 능력을 보유하는 무인항공기나 배회형 무기가 새로운 위협이 되고 있다.

❹ 憲法裁判所は法律が憲法に違反しているか否かを審査する権限を有する。
헌법재판소는 법률이 헌법에 위반되어 있는지 아닌지를 심사하는 권한을 갖는다.

❺ 活火山を抱えながら、これだけの人口規模を有する都市は世界的にも稀である。
활화산을 가지면서 이만한 인구 규모를 갖는 도시는 세계적으로도 드물다.

─199 >>>> 律する

意 ⑧ ある基準に当て嵌めて物事を処理する

⑧ 율하다, 다루다, 조처하다

用 律するは'観念·基準·法則で律する(관념·기준·법률로 처리하다)', '自分を律する (자신을 처리하다)'처럼, 어떤 기준에 맞춰 사물을 처리하는 경우에 사용한다.

例

❶ 彼はその意味で一筋縄では律することのできる人ではない。

그는 그런 의미에서 보통 수단으로는 다룰 수 있는 인간이 아니다.

❷ いわゆる善悪の観念でそれを律することはできないと男は力説した。

소위 선악의 관념으로 그것을 처리할 수 없다고 남자는 역설했다.

❸ 現在の作品を皆同一の基準で律すること、それが務めでなければ ならない。

현재의 작품을 모두 동일한 기준으로 처리하는 것 그것이 임무여야 한다.

❹ 権力者の権威ができあがっていく過程は様々で一を以て律すること は できない。

권력자의 권위가 완성되어 가는 과정은 여러 가지로 하나로 다룰 수 없다.

❺ この状態で自分を律することができたとしたら、奇跡と言っても過言 ではあるまい。

이 상태에서 자신을 다룰 수 있었다면 기적이라 해도 과언이 아닐 것이다.

200 略^{りゃく}する

[意] ㊐ 部分^{ぶぶん}を省^{はぶ}く, 一部^{いちぶ}を省^{はぶ}いて簡単^{かんたん}にする

㊩ 생략하다, 줄이다

[用] 略^{りゃく}する는 '内容^{ないよう}·詳細^{しょうさい}を略^{りゃく}す(내용·상세를 줄이다)'처럼, 대상을 생략하거나 줄이는 경우에 사용한다.

[例]

① 限^{かぎ}られた紙数^{しすう}では述^のべ尽^{つく}されないからここには略^{りゃく}することにした。
제한된 지면으로는 다 기술될 수 없어 여기에는 줄이기로 했다.

② 過去^{かこ}においてはこれらが全^{すべ}て正式題名^{せいしきだいめい}とともに略^{りゃく}さずに記述^{きじゅつ}された。
과거에는 이들이 모두 정식 제목과 함께 생략하지 않고 기술되었다.

③ 語尾^{ごび}を略^{りゃく}す特徴^{とくちょう}のある話^{はな}し方^{かた}には最初^{さいしょ}のうちはかなり苛^{いら}ついたものだ。
어미를 생략하는 특징이 있는 말씨에는 처음에는 꽤 신경이 쓰였었다.

④ 僕^{ぼく}は父^{ちち}の轍^{てつ}を踏^ふんだのかと思^{おも}う節^{ふし}もあるが、それについては今^{いま}は略^{りゃく}す。
나는 아버지의 전철을 밟았나 하고 생각하는 점도 있지만, 그에 관해서는 지금은 생략하겠다.

⑤ 震災後^{しんさいご}そのような増加^{ぞうか}は特^{とく}に著^{いちじる}しく、一々^{いちいち}挙^あげたら際限^{さいげん}がないから略^{りゃく}する。
재난 후 그런 증가는 특히 현저하여 일일이 열거하면 한이 없어 생략한다.

⑥ 実験^{じっけん}の詳^{くわ}しいことは前^{まえ}に一度^{いちど}書^かいたことがあるので略^{りゃく}するが、面白^{おもしろ}い研究^{けんきゅう}だった。
실험의 상세는 전에 한번 쓴 적이 있어서 생략하지만 재미있는 연구였다.

저 자 약 력

모 세 종 (인하대교수)

❚ 학력
- 한국외국어대학
- 日)筑波大学(언어학박사 – 일본어학전공)

❚ 저서
- 『日本語の時の表現の研究』J&C, 2017
- 『바른 한국어 사용과 습득을 위하여』J&C, 2019
- 『모세종의 오피니언』J&C, 2020

[역서]
- 『아스나로 이야기』(井上靖, 新潮文庫, 1958) 어문학사, 2007
- 『일본력』(伊藤洋一, 講談社, 2005) 어문학사, 2008
- 『여학생』(赤川次郎, 新潮社, 1995) 어문학사, 2008 (2인공저)
- 『미녀』(連城三紀彦, 集英社, 1997) 어문학사, 2011 (2인공저)
- 『야회』(赤川次郎, 德間文庫, 1999) 어문학사, 2011 (2인공저)

[학습서]
- 『朝日 신문사설 일본어』 시사일본어사, 1999
- 『朝日 신문사설 일본어-독해청해』 시사일본어사, 2002
- 『일본어 문형포인트 120』 동양문고, 2008
- 『예문중심 실용 일본어 문법』 어문학사, 2011
- 『High Level 일본어 동사 200【복합어편】』J&C, 2022
- 『High Level 일본어 동사 300【단일어편 상】』J&C, 2023

This book was supported by INHA UNIVERSITY Research Grant.

High Level 일본어 동사 200 【단일어편 하】

초 판 인 쇄	2024년 05월 27일
초 판 발 행	2024년 06월 01일
저　　　자	모세종
발 행 인	윤석현
발 행 처	제이앤씨
책 임 편 집	최인노
등 록 번 호	제7-220호
우 편 주 소	서울시 도봉구 우이천로 353 성주빌딩
대 표 전 화	02) 992 / 3253
전　　　송	02) 991 / 1285
홈 페 이 지	http://jncbms.co.kr
전 자 우 편	jncbook@hanmail.net

ⓒ 모세종 2024 Printed in KOREA.

ISBN 979-11-5917-247-2 13730　　　　　　　　　　　　　정가 18,000원